사 람 은

왜

서 로 싸 울 까

사람은 왜
03 이기

사람은 왜

차병직 지음

서로
싸울까

낮은산

싸움에 대한 생각

1

두 사람이 격렬하게 싸운다. 한 사나이는 얼굴이 시뻘게져 욕설을 퍼부으며 발버둥 치고 있는데, 동료인 듯한 두 사람이 양쪽 팔을 하나씩 잡아 말리고 있다. 분을 이기지 못하는 표정이다. 버둥거리면서도 주먹을 쥐고 허공을 휘두르는 모양이, 손이 풀리기만 하면 용수철처럼 튀어 상대방에게 달려들 기세다. 그 상대방은 몇 미터 떨어진 곳에서 씩씩거리며 한 손으로는 삿대질을, 다른 한 손으로는 휴대폰을 들고 있다. 정말 억울하다는 눈빛인데, 상황으로 봐서는 경찰서에 전화를 하는 것 같다. 아직 통화 연결이 되기 전인지, 그 틈에도 지지 않으려고 상대를 향해 고함을 지른다. 역시 그 앞에도 한 친구가 가로막아 서서 상대방에게 가까이 접근하지 못하게 하고 있다.

길거리에서 흔히 볼 수 있는 광경이다. 두 사람은 왜 그렇게 싸울까? 서로 절대 지지 않겠다는 필사적인 태도로 미루어 아주 중요한 문제가 걸린 것이 틀림없다. 그렇다면 싸울 수밖에 없다. 싸워야 한다.

그런데 왜 주변 사람들은 싸우지 못하게 한사코 말리는가? 말리지 않고 내버려두면 어떻게 되는가? 싸움을 계속하면 언젠가는 끝이 나는가? 그 끝에는 승패가 놓여 있을까? 무승부가 되면 훗날 다시 싸울 수밖에 없는가? 승부가 분명하게 갈리면 다시는 싸움이 일어나지 않을까? 이긴 사람은 만족해하고, 진 사람은 승복하는가? 패자가 복수를 다짐하고, 승자가 후회하는 일은 없는가? 두 사람이 싸우는 이유는 국가들끼리 전쟁을 벌이는 이유와 비슷한가? 사람은 왜 서로 싸우는가?

2

싸움은 감기다. 싸움은 감정의 감염 상태에서 벗어나려는 몸부림이다. 사람은 감기에 자주 걸린다. 감기는 신체의 내부와 기온이나 공기 같은 외부 환경 사이의 불균형 또는 부조화 때문에 생긴다. 감기에 걸리면 몸은 분노를 일으키듯 불편해하고 고통스러워한다. 일정한 시간이 지나면 몸에서 열이 나는데, 그것은 부조화의 상태에서 스스로 벗어나려는 발작이다. 그리고 폭풍우가 멎듯 몸은 평정의 상태를 회복한다. 약을 먹는 것은 그 과정을 조금이라도 단축시켜 보려는 노력일 뿐이다.

살아간다는 것은 생각과 행동으로 이루어진다. 행위로 옮기기 위한 생각이나 생각이 지시하는 선택에 따르는 행동 모두 에너지를 소비한다. 세상의 만물은 에너지를 가지고 있다. 생물이든 무생물이든 전기와 자기 또는 중력 같은 에너지를 지니고 있다. 인체는 섭취한 음식을 분해해 에너지를 만들어 내는 공장이다. 산다는 것은 에너지를 소비하는 행위인데, 다른 사람과 어울려 살아야 하기 때문에 타인의 에너지와 부딪칠 수밖에 없다. 타인과의 관계에서 의사소통이 잘 되지 않는다고 하는 경우가 많다. 소통이 잘 되지 않으면 에너지의 흐름이 원활하지 않게 된다. 밀폐된 용기에서 증기가 끓어오르듯 답답함과 분노의 감정이 치솟아 오른다.

누구도 홀로 존재하지 않는다. 나는 나와 나의 환경이다. 따라서 내 몸과 정신이 뿜어내는 에너지는 타인을 비롯한 모든 환경의 에너지와 부딪힌다. 내 몸과 정신을 유지하는 기운이 바깥의 기운과 적절한 균형을 이룰 때, 나와 나의 환경은 조화를 이루고 정상의 상태로 살게 된다. 각자에게는 자기 자신에 맞는 균형 상태가 있다. 각자에게 맞는, 또는 맞는다고 생각하는 균형을 유지함으로써 각자는 비로소 자기 자신이 된다. 나의 에너지와 타인의 에너지가 불균형의 수준에 이르면 정신 또는 감정은 감기와 같은 감염상태에 빠진다. 무언가 비정상적 기운이 내 안으로 들어와 정신을 감염시켜 타인과 쉽게 어울리지 못하게 한다. 그 상태는 대개 폭발로 해소된다. 폭발의 다양한 형태가 싸움이다.

나의 에너지와 부조화를 이루는 타인의 에너지는 싸움을 도발하는 요소다. 거기에 대응하여 폭발하는 나의 에너지는 싸움을 시작하는 요소다. 두 요소는 모두 욕심 아니면 분노다. 분노도 욕심에서 비롯한다. 욕심이 좌절될 때 화를 낸다. 그것은 사리사욕에서 생겨나는 질투의 감정과 유사한 충동적 분노로, 정당한 평가를 받기 어렵다. 그와 달리 공적인 욕심에서 일어나는 분노가 있다. 분노는 단순한 개인적인 화와 다르다. 공공의 선이나 정의의 실현을 위한 의욕이 공적인 욕심인데, 그것에 반하는 부당한 사태와 맞닥뜨렸을 때 분노를 일으킨다. 그때의 분노는 정당한 욕심에서 생긴 것으로 평가받을 수 있다. 그러한 욕심이나 분노의 원인은 불안 또는 두려움이다. 자신이 인식하든 인식하지 못하든, 욕심과 분노의 저 밑바닥에는 내 뜻대로 되지 않는 데 대한 불안과 두려움이 도사리고 있다.

그렇다면 싸움의 도발이 있으면 싸울 수밖에 없는가? 나와 타인의 에너지의 불균형 상태는 반드시 균형의 상태로 바꿔 놓아야만 하는가? 싸우지 않고 그 상황을 해소할 수 있는 방법은 없는가? 싸워야 한다면, 싸움의 결과로 목적을 이룰 수 있는가?

| 차례 |

들어가며 싸움에 대한 생각 4

01
싸움은
어디서 시작되는가

싸움과 평화 어느 것이 비정상일까 13

싸움의 반대편 평화가 아니다 21

싸움의 씨앗 불안과 두려움 24

싸움의 근본적 원인 본성이냐 환경이냐 28

싸움의 구체적 원인 욕심과 분노 38

싸움 부추기는 사회 평등은 불평등을 낳는다 46

02
싸워서 무엇을
얻으려 하는가

분노의 방아쇠 싸울 것인가, 참을 것인가 57

싸움의 목적 정당성을 위하여 67

움직이는 진리 한번 옳은 것은 계속 옳은가 77

싸움이 남기는 것 문제를 해결할 수 있을까 83

싸우지 않고 이기는 법 부작용을 생각한다면 90

03
**피할 수 없는
싸움이 있다면**

사고 실험 싸움은 없어질 수 있는가 *103*

분노의 정당성 수치심과 이디오테스 *108*

분노의 원칙 언제 분노해야 하는가 *111*

진실을 위한 싸움 누가 진상을 숨기려 하는가 *116*

표현의 자유 완전한 언론의 자유가 있는가 *128*

진실의 의미 완벽한 진실이 있는가 *133*

노동자의 권리를 위한 싸움 하루 8시간 일하기까지 *135*

차별을 없애기 위한 싸움 세상의 모든 편견에 맞서서 *140*

싸움 그 자체의 가치 종착점은 같더라도 *145*

싸움의 궤적이 곧 우리의 삶 *152*

04
**잘 싸우는 방법을
찾아서**

어떻게 싸울 것인가 이기는 방법과 올바르게 이기는 방법 *163*

인간다운 싸움 인간의 달리기와 동물의 달리기 *165*

어떻게 이길 것인가 완벽한 승리는 없다 *173*

싸움이 끝나고 난 뒤 승자의 태도와 패자의 태도 *179*

싸움, 옳음을 찾아가는 과정 *197*

나가며 싸움은 언제나 삶과 함께 진행된다 *202*

01

싸움은
어디서
시작되는가

싸움과 평화

싸움의 반대편

싸움의 씨앗

싸움의 근본적 원인

싸움의 구체적 원인

싸움 부추기는 사회

🤼 싸움과 평화 어느 것이 비정상일까

아침에 눈을 떴다. 하루가 지나고 또 새날이 밝았다. 날이 밝았다고 해서 해가 고개를 내밀었다는 사실을 확인하려는 것이 아니다. 오늘이었던 어제가 지나고, 내일이 내게로 와서 오늘이 되었다는 의미다. 늦잠을 자서 바깥이 환한 가운데 일어나든 부지런해서 이른 새벽에 기상하든, 깨는 순간 저마다의 새날을 맞는다. 그 순간은 고요하다. 꿈의 세상에서 현실의 세계로 이어 주는 통로는 아늑하고 조용하다. 이제 내가 잠에서 깨어났구나, 느끼면서 언제 몸을 일으킬까 망설이는 동안에도 그 터널을 완전히 빠져나온 것은 아니다. 터널의 길이는 사람마다 다르다. 여럿이 함께 잠들었든 누가 깨워서 눈을 떴든, 수면과 각성의 경계에 해당하는 터널의 영역은 그 사람 혼자만의 것이다. 그 순간만큼은 평화의 시간이다.

눈을 뜨자 비로소 나라는 자신을 깨닫는다. 잠을 자고 있을 때 나는 현실의 나와 다르다. 잠 속에서 나는 언제나 단독자다. 혼자 존재할 뿐이다. 잠자고 있는 나는 생각할 수도, 생각한 것을 행동에 옮길 수도 없다. 완벽하게 무방비 상태에 있기 때문에 누가 공격해 오면 꼼짝 못하고 당한다. 수면 중의 나는 숨만 쉬고 있을 뿐이지 살아 있는 인간이 하는 일을 할 수 없다. 눈을 뜨는 순간에야 비로소 태어나는 것이나 다름없다. 몸이 이미 성숙해 있고 의식이 잠들기 직전 상태로부터 계속 이어진다는 점에서 첫 탄생과 다를 뿐이다. 따라서 잠은 죽음과 비슷한 상태다. 눈을 감았다가 뜨지 못하면 진짜 죽음의 세계로 들어간다. 우리는 매일 죽음과 탄생을 경험하는 셈이다.

잠에서 깬 나는 비로소 사회적 존재가 된다. 나를 인식한다는 것은 나 혼자만이 아니란 사실을 배경으로 한다. 스페인의 철학자 오르테가(José Ortega y Gasset, 1883~1955)의 말처럼, 나는 나와 나의 환경이다. 가족, 친구, 마을, 학교, 도시, 지구, 내가 접촉하는 모든 것이 나의 환경이다. 내가 여기 있고, 나를 제외한 세상이 저기 따로 있는 것이 아니다. 나를 둘러싼 세계 속에서 비로소 내가 존재한다. 나는 나이면서 동시에 나를 둘러싼 환경의 일부이다. 마찬가지로 내 주변은 나의 일부분이기도 하다. 일어나서 서서히 움직이면서 나의 존재를 스스로 확인한다. 활동의 폭을 넓혀 더 많은 사람을 만나고 다양한 경험을 함으로써 나 자신도 풍선처럼 부풀어 오른다.

매일 새로 태어나듯 아침을 맞는 우리는 각자의 방식으로 주변을 확인한다. 대다수 사람은 뉴스를 본다. 간밤에 세상에 무슨 일이 일어났는지 궁금하기 때문이다. 신문을 읽거나, 텔레비전을 보거나, 라디오를 듣는다. 인터넷으로 보고 읽고 듣기를 한꺼번에 하기도 한다. 뉴스야말로 가장 새로운 것이다. 그런가 하면 뉴스는 언제나 지나간 일이므로 낡은 것이기도 하다. 어쨌든 뉴스를 접하는 것은 자신의 일부인 환경의 변화를 확인하는 일이다.

중앙정부와 지방정부가 복지 예산 때문에 정면으로 충돌했다. 어린이집 운영에 필요한 비용을 서로 부담하라고 국가와 지방자치단체가 다툰다. 국회에서는 여당과 야당이 편을 갈라 덩달아 싸운다. 공무원연금법도, 상속법도, 개정안을 놓고 국회의원들끼리 의견이 달라 통과시키지 못하고 있다. 검찰청과 변호사회도 서로 싸운다. 검사는 변호사들이 수사를 방해한다 하고, 변호사는 검사들이 변론을 방해한다고 주장한다. 자동차 회사와 카드 회사는 수수료 때문에 분쟁이 생겼다. 우리나라 휴대폰 회사와 외국 휴대폰 회사가 서로 특허권을 침해했다고 소송을 벌였다. 이웃 나라에서는 테러가 일어나 수많은 사람들이 사망했고, 테러를 당한 국가에서는 반드시 응징할 것이라고 벼른다. 스포츠란에는 축구, 야구, 농구, 배구 등 종목마다 혈투를 벌인 결과를 알려 준다. 경기뿐만 아니라 경기장 안팎에서 실제로 싸움이 일어나기도 한다. 축구팀 공격수가 상대팀 수비수를 때려 퇴장당하는가 하면, 어느 프로야구단에서는 선수들과 감독이 불화를 일으켜 으르렁거린다. 그런가 하면 서해안에 쓰레기가 산더미처럼 쌓여 처치 곤란이라면서, '쓰레기와의 싸움'이라 표현했다.

이것이 어느 날 아침의 뉴스다. 그날은 특별한 날이 아니라 평범한 날이다. 이 책의 바로 이 부분을 쓴 어느 날일 뿐이다. 그런데도 뉴스의 대부분이 싸움에 관한 것이다. 폭력을 행사하는 것만 싸움이 아니다. 보이지 않는 싸움도 있고, 멀리 떨어져 전혀 모르는 사람끼리 SNS를 통해 서로 격투를 벌이기도 한다. 그렇다면 우리 주변에선 매일 싸움이 일어나며 우리의 삶 자체가 싸움이라고 말해도 틀리지 않다.

혼자만의 세계에서 잠자고 있을 때의 평화는 잠에서 깨어나 현실의 세계로 접어드는 순간 깨지고 만다. 잠을 깨는 것은 평화를 깨는 일이다. 나의 환경은 싸움과 싸움의 무대며, 나는 싸우는 존재다. 나 역시 다른 사람에게 환경의 일부이니까.

싸움은 평화를 깨뜨린다. 싸움이 있는 곳에 평화는 없다. 하지만 싸움이 없다고 하여 그것이 곧 평화의 상태라고 단정할 수는 없다. 평화에는 싸우지 않는다는 의미가 포함되어 있지만, 그것만이 평화의 전부는 아니다. 싸우지 않는 상태란 잠시 싸움을 쉬고 있는 상태, 싸움을 준비하고 있는 상태까지 포함한다. 싸움이 벌어지기 직전의 상황이라면, 그것을 평화의 상태라고 할 수 없다.

무엇을 시각적으로 나타내어 이해하기 쉽게 하려는 의도로 만든

혼자만의 세계에서 잠자고 있을 때의 평화는
잠에서 깨어나 현실의 세계로 접어드는 순간
깨지고 만다. 잠을 깨는 것은 평화를 깨는 일이다.
나의 환경은 싸움과 싸움의 무대며, 나는 싸우는 존재다.

것 중의 하나가 좌표다. 수평선처럼 가로로 선을 그어 놓고, 그 가운데 점을 찍어 0이라고 표시한다. 그러면 그 오른쪽은 +, 왼쪽은 −가된다. 위아래로 수직선을 그은 다음 가운데 점을 찍어도 마찬가지다. 온도계를 떠올리면 쉽다. 어느 점을 0도라 하면, 그 위는 영상이고 아래는 영하다. 물론 +와 −, 영상과 영하의 방향이 바뀌어도 상관없다. 실제로 옛날 온도계 중에는 상하가 바뀐 것도 있다. 그럴 때 0을 기준으로 어느 한쪽을 싸움의 상태라고 한다면, 평화 또는 싸움이 완벽하게 없는 상태는 그 반대쪽이 아니다. 싸움이 없는 상태는 0을 가리키는 점 바로 그 자체다.

싸움이 잠시 중단된 상태, 일시적인 휴전, 그러면서 이기기 위해 끊임없이 싸움을 준비 중인 상태, 언제 다시 싸움이 벌어질지 모르는 상태는 현재 싸우지 않는 상태일 뿐이다. 겉으로 보기에는 평온하지만, 언제 소란스러워질지 모르는 형식적 평화의 상태다. 진정한 평화가 아니다. 보통 전쟁을 중단하고 휴전 협정을 체결하면 평화가 찾아왔다고 한다. 하지만 그러한 평화는 언제까지 계속될지 알 수 없는 불안한 평화다. 그렇기 때문에 좌표에서 0의 오른쪽을 싸움 또는 전쟁이라고 한다면, 그 반대쪽이 평화라고 할 수는 없다.

싸움과 평화 둘만 놓고 세상을 본다면, 평화의 상태와 싸움의 상태 중 어느 쪽이 정상의 상황일까? 평화의 상태가 정상이고, 싸움의 상태는 비정상이라고 생각하기 쉽다. 그런데 그것은 실제로 이 세상

이 그렇다기보다는 우리가 그러한 상태를 원한다고 해야 옳을 것이
다. 지금 우리 사회만 봐도 오히려 평화의 상태가 비정상이다.

　나는 지금 싸우고 있지 않다. 그러므로 나는 현재 평화로운 상태에
놓여 있다고 할 수 있을까? 나의 환경을 살펴보자. 내 가까운 어디에
선가 싸움이 벌어지고 있을지도 모른다. 내 환경의 범위를 조금만 더
넓혀 보면, 반드시 싸움이 벌어지고 있다. 뉴스만 훑어봐도 알 수 있
지 않은가. 그러므로 나는 거의 언제나 싸움의 환경 속에 놓여 있다.
평화는 착각에 불과하다. 혹시 나의 일부를 이루고 있는 환경 전체가
평화를 누리고 있다 하더라도 그것은 일시적인 것이다. 그렇다면 이
세계에서는 싸움이 정상적인 상태고, 평화는 잠시 찾아오는 비정상
적인 상태가 아니고 무엇이겠는가. 평화는 싸움과 싸움 사이의 휴게
소에 지나지 않는다. 평화의 상태란 다음 싸움으로 건너가는 도중에
마련된 휴게소, 곧 닥쳐올 싸움의 대기 시간이다.

　진정한 평화란 싸움을 잠시 멈춘 상태가 아니라 싸움의 가능성조
차 없이 안정된 상태를 말한다. 잠재적인 폭력도 없어야 한다. 그런 평
화가 존재한다면, 평화가 정상의 상태고 싸움이 비정상적 현상이 되
는 세상을 만들 수 있다. 그런 세상에서는 싸움이나 싸움의 조짐조
차 없는 것이 평상이고, 어쩌다 일어나는 싸움은 기이한 현상으로 받
아들여질 것이다.

　하지만 그토록 완벽한 평화, 진정한 평화는 없다. 누구나 경험으

하지만 그토록 완벽한 평화, 진정한 평화는 없다.
누구나 경험으로 알 수 있다. 나와 나의 환경에서
싸움이 없는 날, 또는 싸움이 멈추는 순간은 없다.

로 알 수 있다. 나와 나의 환경에서 싸움이 없는 날, 또는 싸움이 멈추는 순간은 없다. 내가 타인의 환경이 되는, 타인과 타인의 환경에서도 마찬가지일 것이다. 좌표에서 싸움의 반대쪽에 평화가 있는 것이 아니다. 평화는 그저 형식적인 것으로, 싸움의 좌표에서 반대쪽으로 넘어가는 문턱일 뿐이다. 그렇다면 그 반대쪽에는 무엇이 있는가.

싸움의 반대편 평화가 아니다

사람이 살아가면서 갖는 공통의 목적이 있다면, 그것은 두말할 나위 없이 행복일 것이다. 즐겁고 편안한 삶을 추구하는 사람, 타인이나 공동체를 위해 희생하는 삶을 최고의 가치로 여기는 사람, 창조적인 활동이나 자기가 선택한 전문 분야의 연구에 골몰하는 사람, 권력이나 돈만 추구하는 사람 모두 자신의 목적을 향해 나아갈 때나 목적의 일부를 달성하고 난 뒤에 느끼는 만족감이 바로 행복이다. "나는 행복이란 사치스러운 말은 몰라요."라면서 스스로 고생을 자처하는 사람조차 자신이 선택한 어려움 속에서 행복을 찾는다. 행복은 스스로 느끼는 것이므로, 행복한지 행복하지 않은지는 자기 자신만이 안다. 불행하다고 느끼는 사람은 그 상태를 벗어나고 싶다는 생각을 가지기 때문에 행복이 무엇인지 안다. 자신이 불행하다고 느끼는 것은 행복하지 않다고 느끼는 것과 같기 때문이다. 행복하지 않다고 느끼는 것은 행복이 무엇인지 안다는 말이다. 따라서 단순하게는 불행하지 않은 상태가 행복이라고 생각할 수 있다. 이 사람에게는 불행해 보이는 상태가 저 사람에게는 행복으로 느껴지는 경우도 있다. 행복은 사람마다 다르다. 사람의 개성이 다른 것처럼 저마다 생각하는 행복의 내용이 다를 수 있다. 하지만 그럼에도 모든 사람은 행복을 추구한다. 같은 행복이든 다른 행복이든, 행복을 목적으로 삼는다. 그러므로 행복은 모든 사람들이 살아가는 이유, 공통의 목적이다.

행복하게 살기 위하여 사람은 서로 돕는다. 이 세상에 혼자 살 수 있는 사람은 없다. 그런 사람은 단 한 명도 존재하지 않는다. 인간은 애당초 다른 사람들과의 관계 속에서 태어난다. 사람은 탄생과 동시에 부모나 다른 사람의 도움을 받아야 성장할 수 있다. 혼자서 먹을 수도 없고 일어설 수도 없다. 자립할 능력을 갖춘 뒤에도 사회 속에서 그 구성원으로 살아야 한다. 사람들끼리 서로 필요한 도움을 주고받는 곳이 사회다. 그래서 나는 '그냥 나'일 수는 없고 '나와 나의 환경', 다르게 표현하면 '관계 속에서의 나'이다.

흔히 잘 살아 보자고 말한다. 잘 사는 것, 좋은 삶, 옳다고 생각하는 삶, 바로 그것이 행복한 삶이다. 어떤 형태든 행복한 삶을 살기 위해서 서로 협력해야 한다. 서로 돕지 않고서는 행복한 삶은 꿈조차 꿀 수 없기 때문이다. 좌표에서 싸움의 반대편에 있는 것은 평화가 아니라 서로 돕는 일, 협력이다. 단순히 싸우지 않는 상태를 평화라고 하더라도 그것은 형식적 평화에 불과하다. 좌표에서 0점에 해당한다. 사람이 사회적 존재로서 사람답게 살려면 서로 도와야 한다. 싸움은 협력을 거부하는 태도다. 따라서 좌표에서 싸움의 반대편에 있는 것은 협력이다. 물론 협력은 평화의 상태를 배경으로 한다. 그때의 평화는 실질적 평화라고 할 수 있다. 싸운다고 해서 반드시 파멸에 이르는 것은 아니고, 협력한다고 항상 만족스러운 성취를 이루는 것은 아니다. 기본적으로 싸움과 협력은 인류의 삶의 좌표에서 서로 반대편에 위치하는 개념이라는 것이다. 긍정적인 싸움 또는 불가피한 싸움이라는 것이 존재한다면, 그것은 좌표의 반대편인 협력의 상태로 넘어가기 위한 일시적인 갈등의 해결 방식이다. 더 구체적인 의미는 사람은 왜 서로 싸우며 또 왜 서로 돕는지 따져 봐야 드러난다.

우리는 흔히 싸움이 없는 상태인 0점 자체를 평화라고 여긴다.
하지만 그것은 실질적인 평화 상태에서만 가능한 협력의 영역으로 넘어가는 문턱에 불과하다.

그럼에도 사람은 싸운다. 삶의 목적이 행복인데도 불구하고 싸움을 멈추지 않는다. 멈추더라도 잠시 쉬는 정도에 불과하다. 뉴스를 보면 사람의 일상은 싸움으로 이루어지는 것 같다. 왜 그렇게 서로 싸우는가?

싸움의 씨앗 불안과 두려움

한낮에 도시에서 길을 걷다 사람을 만났을 때와 산길을 가다 곰이나 멧돼지를 만났을 때, 우리는 어느 경우에 두려움을 느낄까? 정상의 상황에서 사람을 만나는 일이 두려울 리는 없다. 일상에서 사람이 사람을 대하는 태도를 알고 있기 때문이다. 맞은편에서 오는 사람이 아는 사람이든 모르는 사람이든, 어떻게 행동할지 우리는 예측할 수 있다. 모르는 사람이라면 부딪치지 않게 조심하며 스쳐 지나갈 것이다. 조금 아는 사람이라면 희미한 미소나 간단한 목례를 표한 뒤 제 갈 길을 갈 것이고, 아주 잘 아는 사람이라면 잠깐 서서 인사를 건네거나 안부를 물을 것이다. 거기에 특별한 두려움이 있을 리가 없다. 각자에게는 (타인에 대한) 경험이 있고 사회에는 법과 도덕이 있어, 합리성을 공유한다는 믿음이 두려움을 막아 주기 때문이다. 지나가던 상대방이 어깨를 세게 부딪친다든지 발을 밟았을 경우에는, 미안하다는 말로 고의가 없었음을 알릴 것이다. 예상하지 못한 일이 벌어지더라도 사람에게는 소통의 방법이 있다. 소통에 대한 믿음 역시 우리를 두려움에서 벗어나게 한다.

곰이나 멧돼지는 사정이 다르다. 소통이 되지 않아, 나는 해칠 의사가 없으니 너도 공격하지 말아 달라고 설명할 방법이 없다. 이솝 우화에 나오는 나그네가 죽은 척하는 것도 나는 위험한 존재가 아니라는 소통을 하기 위한 안간힘일 뿐이다. 상대방의 태도를 예측할 수 없기 때문이다. 나보다 힘도 훨씬 세고 더 빠르다는 사실만 짐작할 뿐이다. 불안과 두려움이 엄습해 온다.

그렇다면 사람을 한낮의 도로가 아닌 외딴 산속 길이나 깊고 어두운 밤의 뒷골목에서 마주쳤을 경우엔 어떨까? 위험한 동물과 맞닥뜨렸을 때와 비슷할 것이다. 특히 상대방이 자기보다 강해 보일 경우에 느끼는 불안과 두려움은 더 클 것이다. 상대가 언제라도 야수로 돌변할 수 있기 때문이다.

상대가 동물이든 사람이든 나를 향해 먼저 공격해 온다면, 방어할 수밖에 없다. 공격과 방어가 만나면서 싸움이 시작된다. 상대방에게 허점이 보이거나 나에게 기회가 생기면 즉시 반격을 가한다. 적절한 무기라도 있다면 주저하지 않고 상대를 향해 돌진할 것이다.

싸움의 목적은 나 자신을 보호하려는 것이다. 불안과 두려움 때문이다. 상대방의 공격에 자신의 몸을 맡겨 두면, 신체의 완전성이 훼손

상대가 동물이든 사람이든
나를 향해 먼저 공격해 온다면, 방어할 수밖에 없다.
공격과 방어가 만나면서 싸움이 시작된다.

된다. 부상을 입거나 죽을지도 모른다. 부상당하는 순간의 육체적 고통이 두렵기도 하지만, 그것이 전부는 아니다. 부상을 입은 신체는 병에 걸린 몸처럼 완전하지 않다. 불완전한 육체는 정신에도 영향을 끼쳐 불완전한 존재로 느끼게 만든다. 불완전한 인간은 생활의 무대인 사회에서 배제되거나 소외되는 듯한 느낌을 받는다. 밀려나거나 따돌림을 당하는 듯한 느낌이다. 학교에서 왕따가 되면 견디기 힘들 듯, 사회에서 따돌림을 당한다고 느끼면 정상의 상태로 살아가기 어렵다.

싸움의 원인이 되는 불안이나 두려움은 사회의 일정한 영역에서 배제되거나 소외되는 데 대한 불안과 두려움이다. 싸움은 자신이 속한 사회의 한 부분에서 배제되거나 소외되지 않을까 하는 불안과 두려움에서 벗어나기 위한 반작용의 행위이다. 그러한 자기 보호적 행위는 당장 눈앞에서 상대방의 공격이 있을 때뿐만 아니라, 공격이 예상되는 경우에도 이루어진다. 곧 닥쳐올지 모르는 공격, 즉 미래의 불안과 두려움을 예방하기 위해서 먼저 싸움을 거는 경우도 있다.

불안과 두려움은 싸움의 씨앗이다. 그러나 사람이 실제로 싸울 때는 불안과 두려움 때문이 아니라 다른 이유 때문이라고 느낀다. 그것은 근원의 원인이 아니라, 근원의 원인을 바탕으로 나타난 구체적인 싸움의 이유다.

궁금한 것을 해결하는 데 가장 좋은 방법 중의 하나는 꼬리에 꼬리를 물고 계속해서 의문을 제기하는 것이다. "무엇을 안다는 것은 그것의 기원에 도달하는 것"이란 아리스토텔레스(Aristoteles, BC 384~BC 322)의 말도 같은 의미다. 더 이상 의문을 제기할 수 없는 완전한 기원에 이르기는 어렵지만, 어디까지 갈 수 있는지 시도해 보는 일은 흥미롭다. 불안과 두려움은 피할 수 없는 인간의 감정이며, 그것이 근본 원인이 되어 인간은 싸우는 것일까? 인간의 역사를 살펴보면 도움이 될 듯하다. 내가 기억하는 역사는 할머니나 증조할아버지까지도 제대로 거슬러 오르지 못하지만, 인류의 역사는 과학자들의 상상력 덕에 수백억 년 전까지 달려가 살필 수 있다. 인류의 기원을 짐작하자면 생명의 기원을 알아야 하는데, 생명의 기원은 지구와 우주를 바탕으로 하고 있다.

싸움의 근본적 원인 본성이냐 환경이냐

약 140억 년 전에 빅뱅이 있었다. 1조 년에 한 번씩 빅뱅이 일어난다는 학설이 있기도 하지만, 1억 년조차 까마득한 시간이다. 점 하나가 폭발하여 우주가 생성되었다는 주장은 신이 엿새 만에 만물을 창조했다는 종교의 기록보다 더 믿기 어렵기도 하다. 그 정도로 엄청난 힘과 속도로 터져 버린 가스가 몰려다니다가 티끌 같은 것과 뭉쳐 격렬하게 반응한다. 뭉친 가스 덩어리 내부의 수소 원자 네 개가 합쳐져 헬륨 핵 하나가 만들어지는 핵융합반응이 일어날 때 그 중심 온도는 100만 도에 이른다. 이때 발생하는 에너지는 감마선으로 나타나기 때문에 사람의 눈에는 보이지 않는다. 그 빛이 점점 힘을 잃고 가스 뭉치의 중심에서 겉으로 빠져나오는 데 대략 100만 년이 걸린다. 그때쯤이면 그 빛은 가시광선으로 바뀌어 우리의 눈이 포착할 수 있다. 별의 탄생이다.

별 내부의 수소가 다 연소하고 나면 바깥쪽의 수소가 타기 시작한다. 이때 내부의 헬륨끼리는 서로 압축하여 에너지를 발산하는데, 그것이 바깥 부분으로 흩어지면서 벌겋게 부풀어 오른다. 바로 적색거성이다. 그렇게 하여 수소와 헬륨이 모두 타면 서서히 식으면서 수축한다. 줄어든 별은 아주 고밀도여서, 한 숟가락의 무게가 1톤쯤 될 수 있다. 백색왜성이라 부른다. 다시 수십억 년이 흐르면, 백색왜성은 흑색왜성이 되어 사라진다. 별의 일생이다.

그러한 별은 태양과 같은 높은 에너지를 가진 것들이다. 보통의 별은 좀 다르다. 우주의 허공에 떠다니는 수소와 헬륨이 뭉쳐서 별이 된다. 역시 내부에서 핵융합반응을 일으켜 여러 가지 원소를 합성해 밖으로 내보낸다. 태양과 비슷하지만, 그 정도의 빛과 열을 발산하지 않는다.

45억 년 또는 50억 년쯤 전이었다. 우주의 허공에 떠돌던 가스와 티끌, 즉 성간운이 뭉쳐 별이 하나 생겼다. 지금 우리가 지구라고 부르는 별이다. 거기에는 다른 별이 만들어 보낸 원소와 자체적으로 합성해 내는 원소들이 있었다. 탄소, 산소, 규소, 황 그리고 마그네슘 같은 것이었다. 그것은 우리 인체를 구성하고 있는 화학 성분과 같은 것이다. 동네 약국에 가면 구할 수 있는, 생명의 재료다.

최초의 생명체가 나타난 것은 약 40억 년 전이다. 당시 지구 대기의 주성분이었던 수소 원자들이 다른 원소와 결합하여 아주 간단한 조직이 생겨났다. 거기에 태양의 빛이 쪼이고 번개가 쳐서 원자들이 분리되었다가 재결합하는 과정을 반복하면서 더 복잡한 물질로 바뀌었다. 호수는 잔잔해 보여도 그 안에 담긴 것은 미세한 프랑켄슈타인의 씨앗으로 만든 수프나 다름없었을 것이다. 그로부터 10억 년이 흐르면서 최초의 세포가 형성되고, 스스로 자양분을 섭취해 동일한 세포를 복제할 수 있는 능력을 갖추고, 그 속에서 돌연변이가 일어나 다세포 생물이 출현했다. 다시 10억 년이 지난 뒤에는 암컷과 수컷의 성이 분화되어 본격적인 번식이 시작되었다.

그때로부터 역시 10억 년을 단위로 건너뛰면서 보자면, 식물의 혁명이 일어났다는 사실을 짐작할 수 있다. 해초와 같은 청록색의 조류가 번성하여 바다를 가득 메웠다. 내기에도 변화가 생겨 수소 대신 산소가 충만해졌다. 산소의 힘으로 캄브리아기 대폭발이 일어났다. 땅 밑에서 화산이 터진 것이 아니라, 지상에 다양한 생명체가 은하수가 쏟아져 내려오듯 폭발적으로 증가했다.

약 6억 년 전, 조금 정확히는 5억 4000만 년 전쯤, 지구에는 환경에 적응하는 동물이 급격히 늘어났다. 이미 충분히 번성한 식물은 물과 이산화탄소를 합성하여 탄수화물을 만들어 냈고, 동물이 그것을 섭취하여 혈액 속의 산소와 결합시켜 에너지를 얻었다. 그리고 호흡을 통해 이산화탄소를 뱉어 내 식물에게 되돌려 주었다. 생명체들은 서로 얽혀 경쟁하듯 자랐지만, 찬찬히 살펴보면 긴밀하게 협력했다. 어류와 삼엽충을 비롯한 여러 동물이 대량 나타나고, 드디어 척추동물의 등장을 기다리게 되었다. 그 시기를 지질학자 세지윅(Adam Sedgwick, 1785~1873)이 영국 웨일스 지역의 산지 이름을 따서 캄브리아기라고 불렀다.

그래도 아직 인류의 조상을 발견하려면 멀었다. 적어도 2000만 년 전에는 유인원이 지구 전역에 퍼져 숲 속 생활을 하고 있었을 것이다. 유인원은 사람과 가장 가까운 동물을 일컫는데, 원숭이는 꼬리가 달렸기 때문에 유인원이 아니다. 대신 고릴라, 침팬지는 생물학적으로 사람과 크게 다르지 않다. 그래서 사람과 사람의 조상을 합쳐서 호미닌(hominin)이라 부르기도 한다. 어쩌면 600만 년 전쯤부터 사람이 다른 호미닌과 분리되어 진화를 시작했을 수 있다. 하지만 다른 동물들조차 정확한 기원은 알지 못한다. 최초의 인류라고 하는 루시(Lucy)

나 그보다 더 이전의 화석으로 밝혀진 아르디(Ardi), 디키카(Dikika)도 400만 년 전에 두 발로 걸어 다녔다는 것 외에 우리의 직접 조상이라는 확실한 증거는 없다. 40만 년 전에서 10만 년 전 사이 어디쯤에서 호모 사피엔스 사피엔스(Homo sapiens sapiens)가 나타났고, 떠돌며 유목 생활을 하다 정착 생활을 시작한 것은 1만 년 전쯤이다.

남아프리카의 동굴에서 멸종된 비비의 뼛조각을 잔뜩 발견한 적이 있는데, 인류학자들은 거기 살던 호미닌이 죽인 것이라고 판정했다. 인류의 조상은 살육 본능에 따라 동물을 마구 죽였고, 심지어 동료들까지 먹었으며, 사냥과 약탈을 일삼았던 잔인한 존재라고 해석하였다. 그리고 그 뒤로도 싸움을 잘하기 위해서 진화했다고 생각했다. 인간의 본성에 공격성이 있어 지금도 곧잘 싸운다는 것이다.

유인원이든 사람이든, 가장 중요한 것은 환경에 적응하여 먹고사는 일이었다. 먹을 것을 얻기 위해서는 먹잇감과 싸우지 않을 수 없었다. 먹이가 필요해서 애당초 공격성을 타고났다고 생각할 수 있다. 그런가 하면 싸워서 먹이를 차지하지 않으면 안 되는 환경이었기 때문에 공격성을 키웠다고 볼 수도 있다.

사람은 애당초 유전자에 공격성이 새겨져 있어 싸우는 것인가, 태어난 이후 환경 때문에 어쩔 수 없이 싸움을 하게 된 것인가? 사람은 태어날 때부터 본성이 호전적이어서 잘 싸운다는 주장을 유전자 결

유인원이든 사람이든, 가장 중요한 것은 환경에 적응하여
먹고사는 일이었다. 먹을 것을 얻기 위해서는
먹잇감과 싸우지 않을 수 없었다. 먹이가 필요해서
애당초 공격성을 타고났다고 생각할 수 있다.

정론이라 부른다면, 사람은 원래 온순하고 선량한 존재로 서로 협력하는 본성을 가지고 태어났으나 살아가면서 경쟁 속에서 싸움을 배우게 된다는 주장은 환경 결정론이라 한다.

말레이 반도의 세마이족은 평소에 싸움이란 것을 전혀 모르고 살았다. 태어나서 싸워 본 사람이 아무도 없었다. 그런데 1950년대 초 영국 정부가 공산주의 게릴라와 치러야 할 전투에 병사가 모자라 세마이족 남자들을 징집했다. 훈련소에서 간단히 총칼의 사용법을 배운 그들은 적을 만나자 아주 잔혹한 방법으로 죽였다. 그 사례는 유전자 결정론의 증거로 사용됐다. 누구로부터 싸움을 배우지도 않은 어린아이가 싸울 줄 아는 것과 마찬가지로, 사람의 본성에는 자기도 모르는 공격성이 있다는 것이다.

사람은 본성보다 환경의 영향을 더 받는다는 주장도 만만치 않다. 사람은 살아가면서 주변 조건에 적응하게 되는데, 싸움도 그 과정에서 시작됐다. 사람은 환경에 적응할 뿐만 아니라 모방하는 습성도 있다. 다른 사람이나 동물이 서로 싸우는 것을 보고 따라 싸운다. 남아프리카 동굴에 쌓인 비비의 뼈는 인간의 조상 호미니드가 아니라 표범이 남긴 것이다. 사람은 싸울 이유가 없으면 싸우지 않는다. 사람이 싸우는 이유가 주변 환경 때문이라고 생각하는 이들의 주장이다.

유인원이나 초기의 인간이 유목 생활을 했을 것이라는 추측은 생존의 기본 전략이 먹을 것의 확보였다는 생각에서 출발한다. 그러다가 정착 생활을 하게 됐는데, 식량의 생산이 필수적 조건이었다. 식량을 생산할 줄 알게 되면서 저장할 필요가 생겼고, 그에 따라 옮겨 다니지 않고 일정한 장소에 정착하게 됐다. 식량이 있으니 돌아다닐 필요가 없어졌다. 돌아다니던 습성이 남아 있다 하더라도 식량을 짊어지고 다닐 수 없었다.

유목 생활이 정착 생활로 바뀌는 것은 대단히 큰 변화였다. 유목민은 이동하기에 편리할 정도의 규모를 유지했을 것이다. 너무 적으면 불안하고 너무 많으면 불편하니까, 서너 가족이 한 무리가 됐을 수 있다. 그러한 경우 새 장소에서 얻는 식량은 항상 공동 분배였다. 사냥 도구도 공동으로 사용했다. 철마다 옮겨 다녀야 했으므로 식량이나 재산을 모을 필요가 없었다. 따라서 내 것과 네 것의 구분도 없었다. 누군가 운수 좋은 날을 맞아 큰 사냥감을 잡아 오면 공동의 장소에 가져다 놓고 저마다 가서 필요한 만큼의 고기를 가져가게 했다. 많이 잡은 사람이 많이 차지하는 것을 허용하지 않기 위해서였다.

그러다가 곡식을 재배하여 식량을 생산하게 되자 힘들게 옮겨 다니지 않아도 되었다. 다음 수확 때까지 양식을 저장할 장소가 필요해 자주 이동할 수도 없었다. 한곳에 머물러 산다는 것은 안정감을 주었다. 하지만 동시에 많은 것이 모이고 쌓였다. 먹을 것과 가재도구뿐만 아니라 갈등과 불만도 쌓였다. 이것저것 창고에 모으기 시작하자 재

이것저것 창고에 모으기 시작하자 재물이 늘어났고,
네 것과 내 것의 소유 개념이 생겼다.
그 틈에서 욕심이 싹트고 불화가 맺혔다.

물이 늘어났고, 네 것과 내 것의 소유 개념이 생겼다. 그 틈에서 욕심이 싹트고 불화가 맺혔다.

거칠 것 없이 들판으로 나아가는 유목민들은 작은 집단 내에서 일어나는 갈등과 불만을 넓게 트인 자연의 공간을 향해 떨쳐 버릴 수 있었다. 하지만 정착 생활을 하는 공동체의 구성원 사이에 쌓이는 불화의 찌꺼기는 쉽게 해소되지 않고 심리적 공간에 남았다. 그리하여 인류는 유목 생활에서 정착 생활로 삶의 주류 패턴이 바뀌면서 더 싸우게 되었다. 이것도 환경 결정론의 하나다.

인간의 모든 행동과 관습은 생존에 적합하게 맞추어져 왔다. 당연히 환경의 영향을 받을 수밖에 없었으며, 또 그렇게 적응하다 보면 점점 인간의 본성도 변하였을 것이다. 진화를 믿는다면 더욱 그러하다. 유목 생활에서 정착 생활로 넘어갈 때에도, 정착 생활을 하면서 식량을 생산하게 되었는지, 식량을 생산하다 보니 정착하게 되었는지조차 모른다. 식량 생산이 가능하게 되니 정착했다고 설명하는 것은 자연스럽다. 그러나 농사는 단기간에 금방 성공할 수 없다. 정착하다 보니 농사법도 개발하게 되었다는 설명도 가능하다. 하지만 먹을 것도 충분하지 않은데 갑자기 정착할 이유가 없다. 마찬가지로 사람이 본성 때문에 싸우는지, 환경 때문에 싸우는지 분명한 한 가지만의 이유는 없다. 유전자와 환경의 상호작용에 따라 사람은 싸운다.

싸움의 구체적 원인 욕심과 분노

사람으로 하여금 싸우게 하는 것이 유전자(본성)나 환경(외부 조건)
이라면, 어떤 경우에 싸우는가는 다른 문제다. 앞에서 사람은 불안이
나 두려움 때문에 싸운다고 했는데, 실제로 사람은 불안하거나 두려
우면 오히려 싸움을 피하고 용기가 생길 때 싸운다. 불안과 두려움을
느끼지 못하거나 극복하는 사람이 싸움에 나선다.

싸우는 사람의 감정이나 의식은 천차만별이다. 용감해야 잘 싸울
수 있는 것도 사실이다. 그렇지만 모든 싸움의 근원에는 불안과 두려
움이 있다는 말이다. 그 불안과 두려움을 쫓아내기 위하여, 또는 그
상태에서 벗어나기 위하여 싸움을 한다는 의미다.

본성이나 환경도 그렇지만, 불안과 두려움도 추상적이다. 인류학자
나 생물학자에게는 본성이나 환경이 싸움의 원인으로 보일 것이다.
정신분석학자나 심리학자에게는 불안이나 두려움이 싸움의 이유로
생각될 것이다. 불안과 두려움이 싸움을 부추기는 환경을 조성할 뿐
만 아니라 본성을 자극한다. 하지만 그러한 요인은 논리적 사유의 결
과로는 이해되지만, 일상의 경험과는 거리가 멀다. 싸움을 쉽게 이해
하려면 더 가깝고 구체적인 이유를 찾아야 할 것이다. 공격적 본성을
자극하고 싸움의 환경을 조성하는 것이 불안과 두려움이라면, 불안
과 두려움을 일으키는 것은 무엇인가?

앞에서 잠깐 살펴보았지만, 일상에서 실제로 벌어지는 싸움의 구체적 동기 또는 원인은 욕심이다. 욕심 때문에 불안과 두려움이 생긴다. 무엇에 대한 욕망은 삶의 원동력이다. 하고 싶은 일이나 갖고 싶은 대상은 인간의 삶을 미래로 진행시키는 추진력이다. 욕망이 없는 생활은 활력이 사라진 식물인간의 삶 혹은 세속을 완전히 등진 토굴 속 구도자의 삶이나 다름없다.

생기 넘치는 일상의 삶에는 여러 조건이 필요하다. 그 조건은 자연이 은혜롭게 베푸는 경우도 있지만, 대부분은 각자 노력으로 얻어야 한다. 때로는 충분한 햇빛과 공기도 별도의 대가를 치르고 사용한다. 자기가 원하는 것을 얻고자 하는 내면의 감정 상태 또는 의지의 발동이 욕망이다. 그런데 사람과 사람 사이의 개인적 욕망의 경계는 허공에 그어진 선처럼 분명하지 않다. 서로의 협력에 의하여 일시적으로 그 경계를 허물어 버리기도 하지만, 대개는 자신의 경계를 침범당하지 않으려 노력하는 가운데 가능하다면 그 경계의 범위를 넓히려고 애쓴다. 그러다 보면 개개인의 욕망과 욕망이 부딪친다. 자기와 타인을 동시에 배려하는 정신의 발동으로 합의가 잘 이루어지면 욕망의 경계에서 싸움은 일어나지 않는다. 자기와 타인 사이에 설치된 욕망의 경계를 넘어서는 심리적 현상이 작동하면 그것을 욕심이라 부를 수 있겠다. 그때 싸움이 일어난다. 욕심을 부리는 사람의 잠재의식 속에는 불안과 두려움이 웅크리고 있다.

일반적인 욕심은 재물을 대상으로 움직이는 마음의 양상이다. 그런데 실제 욕심이 뻗치는 범위는 그보다 훨씬 넓다. 명예에 대한 욕심도 재물에 대한 욕심 이상이다. 누구나 인간으로서 최소한의 대우를 받아야 한다고 믿고, 기회가 된다면 자신의 존재를 드높이고 싶어 한다. 타인으로부터 자기를 인정받고 싶어 하고, 가능하다면 자신의 실제 모습보다 더 높이 평가받고 싶어 한다. 그러므로 타인에게 당하는 모욕을 견디지 못한다. 명예를 훼손하는 행위는 싸움의 원인이 된다.

명예를 훼손당하는 일을 참지 못하는 까닭은 명예욕 때문이다. 타인의 명예를 훼손하는 행위는 그로 인하여 자신의 명예를 상대적으로 높일 수 있으리라는 착오에서 비롯한다. 명예를 훼손하는 행위나 명예를 훼손당하는 일을 참지 못하는 감정은 모두 명예욕에서 시작한다. 재물에 대한 욕심이 물질적 욕심이라면, 명예에 대한 욕심은 정신적 욕심이다.

배신도 싸움의 원인이다. 누구로부터 신뢰를 짓밟힐 때 참지 못한다. 배신을 당한 감정 역시 명예를 훼손당한 경우와 유사하다. 사랑의 감정만큼 크고 아름답고 평화로운 것은 없을 것이다. 순수한 사랑의 감정은 협력보다 훨씬 높은 수준의 포용력을 지니고 있다. 사랑의 감정이 자랄수록 미움의 감정은 줄어든다. 세상 사람들이 서로 만난 지 얼마 되지 않는 연인처럼 사랑한다면 싸움은 일어나지 않을 것이다. 그런데 사랑의 감정이 클수록 그 이면에는 정오를 지난 태양이 드리

명예를 훼손당하는 일을 참지 못하는 까닭은
명예욕 때문이다. 타인의 명예를 훼손하는 행위는
그로 인하여 자신의 명예를 상대적으로
높일 수 있으리라는 착오에서 비롯한다.

우는 거인 같은 그림자가 질투라는 이름으로 잠복한다. 질투는 욕심의 날카로운 모서리다.

권력에 대한 욕심도 싸움의 대표적인 원인의 하나다. 권력욕은 물욕과 명예욕이 복합적으로 얽힌 것이다. 권력을 쥐면 명예와 재물을 모두 차지할 수 있다고 생각한다. 권력욕에서 출발한 싸움은 사소한 다툼의 정도를 훨씬 넘어서서 전쟁으로 치닫곤 한다.

지루함도 싸움의 원인이 될 수 있다. 드문 경우일지 모르나, 분명히 그럴 수 있다. 사람은 자신을 흥분시키거나 자극하는 힘을 필요로 한다. 누구든 아무것도 하지 않고는 못 배긴다. 자신이 원하는 무엇인가를 추구하는 가운데 행복을 얻을 수 있다고 믿기 때문이다. "열의를 가진 생활을 하는 것이 행복"이라는 버트런드 러셀(Bertrand Russell, 1872~1970)의 말도 그런 의미를 담고 있다. 토끼를 사냥하러 가는 사람에게 토끼를 주면서 사냥을 포기하라고 한다면 어떻게 반응할지 생각해 보라. 사냥꾼은 한 마리의 토끼조차 손에 넣지 못하는 한이 있더라도 사냥 행위를 즐기고 싶어 한다. 물론 지루하다는 이유로 바로 싸움에 나서는 것은 아니다. 지루함으로 인한 불만이 쌓여 있다가 그 감정의 상태를 바탕으로 싸우게 된다.

지루함도 욕심과 무관하지 않다. 무료함을 벗어나게 해 주는 자극이 필요한 상태에서 계속 변화가 일어나지 않으면 좌절감을 느끼게 된다. 그것은 자기가 원하는 일을 하지 못하는 상황과 동일하다. 사건이 일어나기를 바라는 소망이 좌절된 심경은 주관적 변화에 대한 욕심에서 생겨난다. 그것이 이루어지지 않으면 불안과 두려움이 엄습한다.

그런가 하면 사람은 정의감의 발로로 싸움을 하기도 한다. 옳지 않은 현상과 마주쳤을 때 그 상황을 바꾸어 놓을 의도로 싸움을 한다. 이때 싸움의 동기가 되는 감정은 정의감이므로, 개인적인 욕심과는 거리가 멀다. 이기적 욕심이 아니라 이타적 마음이 정의감이다.

정의감은 공공의 이익을 위한 욕심이라고 해석할 여지도 있다. 국가나 사회와 같은 공동체에 해악이 되는 현상을 없애고 도움이 되는 결과를 가져오려는 의지다. 공공의 악을 제거하고 공공의 선을 실현하겠다는 의지는 좋은 욕심이며, 명예와도 연결되어 있다.

하지만 정의감과 같은 공적 욕심을 단순히 '무엇인가를 추구한다'는 마음의 방향성을 강조하여 보통의 욕심과 하나의 부류로 이해하는 것은 무리다. 정의감은 부정의한 상황과 마주쳤을 때 나타나는 감정이며, 그 감정의 실체는 욕심이 아니라 분노다. 부정의를 보고 참지 못하는 감정은 분노이며, 분노로 인하여 싸움을 불사한다. 물론 모든 분노가 정의감이 되는 것은 아니지만, 정의감을 일으키는 감정은 분노다.

욕심은 어떤 것에 의해 촉발되기도 하지만, 자발적으로 나타날 수

정의감은 부정의한 상황과 마주쳤을 때 나타나는
감정이며, 그 감정의 실체는 욕심이 아니라 분노다.
부정의를 보고 참지 못하는 감정은 분노이며,
분노로 인하여 싸움을 불사한다.

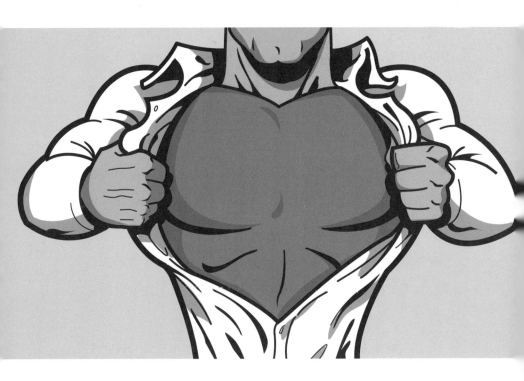

있는 감정이다. 욕심을 부릴 만한 대상이 등장하여 유혹하지 않더라도 저절로 욕심을 내는 경우가 있다. 하지만 정의의 감정은 반드시 부정의한 상태에 놓일 때만 촉발한다. 정의감으로 인하여 싸우게 되는 과정을 나누어 보면 이렇다. 정의감을 불러일으키는 부정의한 상태가 먼저 있어야 한다. 부정의를 보고 참을 수 없는 정도에 이르면, 정의감에 의해 분노가 솟아오른다. 분노의 감정을 억제하지 못하는 지점에서 싸움이 시작된다.

그러한 경우 싸움의 원인으로 들 수 있는 것은 정의감을 유발한 부정의, 그리고 정의감에 의해 구체적 감정의 모습으로 나타난 분노 두 가지다. 이렇게 싸움의 원인은 싸움을 도발하는 것과 거기에 촉발되어 싸움으로 맞서는 것의 이중 구조로 되어 있다.

전형적인 싸움은 싸움을 거는 행위와 그것을 피하지 않고 응하는 행위가 만나서 이루어진다. '손바닥도 마주 쳐야 소리가 난다'는 속담이 그것을 잘 나타낸다. 과도한 욕심이나 자제할 수 없는 분노 때문에 일방적으로 싸움을 시작하는 경우도 있다. 한쪽은 싸움을 원하지 않는데 한쪽만의 의사로 싸움이 시작된다. 선전포고 없이 기습적으로 개시하는 전쟁과 같다. 기습을 당한 쪽에서 맞서면 싸움이 되지만, 그렇지 않을 경우 일방적 폭력으로 끝난다.

싸움은 도발과 응수로 이루어진다. 욕심이나 분노는 모두 주관적 감정에 속하는 싸움의 원인이다. 부정의한 상황을 마주했을 때 치솟는 분노 역시 객관적 상황에 상응하는 주관적인 감정이다. 욕심과 분노는 서로 뒤섞여 싸움을 도발하는 원인과 싸움에 응수하는 원인이 된다. 욕심을 부리는 데 대하여 욕심으로 응수하는 경우, 욕심을 부리는 데 대하여 분노로 대응하는 경우, 분노에 대하여 분노로 맞서는 경우 싸움이 일어난다.

싸움 부추기는 사회 평등은 불평등을 낳는다

욕심이나 분노는 개인의 감정이다. 따라서 그것은 개인에 속하는 사정, 다르게 표현하면 싸움의 주관적 요인이다. 싸움을 도발하는 요인도, 그 도발에 대응하여 싸움을 시작하는 요인도 모두 개인의 감정이다. 하지만 싸움을 일으키는 원인은 사람의 감정뿐만이 아니다. 각자의 마음 바깥에도 싸움을 부추기는 요인이 있다. 마음 바깥, 개인을 둘러싼 환경과 사회라는 구조적 요인을 살펴보자.

영국의 정치철학자 토머스 홉스(Thomas Hobbes, 1588~1679)는 법과 같은 규범이 생기기 이선의 인간 사회를 자연 상태라고 하면서, 자연 상태에서는 모든 사람이 동등하다고 했다. 자연 상태의 사회는 완전한 자유가 보장되어 있다. 모두 평등하고 저마다의 욕망도 비슷하다.

그런데 희망의 평등은 바로 불안의 씨앗이 된다. 구성원이 바라는 것이 같거나 비슷하면, 내가 원하는 것을 다른 사람이 먼저 차지할까 염려되기 때문이다. 희망을 내가 이루면 다른 사람이 좌절하게 되고, 다른 사람이 성취하면 내가 상실감에 빠지고 만다. 평등이 전제되어 있고 자유가 조건으로 붙어 있는 사회에서 필연적으로 나타나는 현상이다.

불안은 불신을 낳는다. 서로 타인을 의심한다. 내 앞에 나타나는 상대방은 모조리 내 것을 노리는 사람처럼 생각된다. 내 것을 남에게 빼앗기지 않기 위해서 노심초사한다. 항상 방어책을 구상하다 보면, 선제공격으로까지 나아간다. 당하기 전에 내가 먼저 남을 공격함으로써 더 안전하게 내 것을 지킨다는 전략이다.

한 사람의 생각은 다른 사람에게 전염되고, 사회의 구성원 대부분이 그런 태도를 일상의 습관으로 지니게 되면, 모두가 모두에 대해 적이 되고 만다. 투쟁과 무질서의 사회로 돌변한다. 평화와 질서를 위해서 법으로 강제하는 수밖에 없다.

프랑스의 사상가 장 자크 루소(Jean-Jacques Rousseau, 1712~1778)의 생각도 비슷했다. 루소도 자연 상태를 말했으나 그것은 홉스의 자연 상태보다 더 이전의 상태로, 인간이 사회를 구성하기 이전의 완전한 상태를 의미했다. 절대 평등이 존재하는, 있는 그대로의 상태로, 누군가가 타인의 권리를 침해하더라도 당연하게 받아들이는 상황을 의미했다. 순수한 자연 상태에서는 모든 것이 자연스럽게 받아들여져 가해자와 피해자의 구분조차 없기 때문이다. 강의 뒷물결이 흘러와 앞물결을 밀어내는 것과 같은 순수한 상태였다. 따라서 루소의 자연 상태는 인간에게는 실제로 존재하지 않는 관념의 사회다.

　인간은 사회를 구성하면서 평화를 잃게 되었는데, 그것은 평등과 권리 때문이다. 권리는 내 것을 내가 소유한다는 자유를 의미한다고 이해하면 된다. 왜 평등이 싸움의 원인이 되는가? 평등하다는 관념은, 내가 남보다 못한 경우에 남과 같아져야겠다는 생각을 하게 만들고, 남과 비슷한 경우에는 남보다 나아져야겠다는 생각을 가지게 하기 때문이다. 모든 사람이 그런 생각으로 행동하게 되면 거기서 원한의 감정이 생긴다. 모두가 평등하고 또 평등해야 한다는 사상은 개개인에게 능력이나 자격 또는 신분 등의 모든 조건이 같다는 의식을 심어 준다. 따라서 자신이 남보다 좋지 않은 처지에 놓이면 그 상황을 쉽게 받아들이지 못한다. 그렇다고 다른 사람들과 동등한 상태라고 해서 만족스러워하는 것도 아니다. 인간은 욕망의 동물이기 때문이다. 남 못지않은 조건을 갖추고 있으니 본인이 원하기만 하면, 또는 조금만 노력해도 비교 대상들과 비슷해지거나 더 나아질 수 있다고 생각한다. 그러다 보면 사람과 사람 사이의 경쟁은 점점 심해진다. 다른 사람이 나보다 나아 보이면, 마치 그가 내 몫을 침해한 듯이 느끼게 된다. 절대적 평등의 관념이 가져다주는 착각이다. 거기서 빠져나

경쟁은 아무리 순수해도 그 자체로
싸움과 비슷한 형태를 지니고 있는데,
조금만 치열해져도 진짜 싸움으로 바뀐다.

오기 위해 애써 보아도 다른 사람을 이길 수 없는 지경에 이르게 되면, 착각은 서서히 타인에 대한 복수의 감정으로 변모한다.

홉스와 루소의 견해에 따르면, 사람이 모여 사는 사회 구조 자체가 사람을 싸우게 하는 원인이다. 두 사람은 자유주의와 민주주의가 본격적으로 꽃피기 직전인 17세기와 18세기의 사상을 대표하는데, 그 생각의 핵심은 그 이전 사회에도 그대로 적용된다.

아예 한참 옛날로 거슬러 올라가 보자. 인류가 유목 생활을 할 때는 자연에서 얻는 것으로 의식주를 해결했다. 그렇게 수렵과 채집으로 생활하는 사람에게 개인 소유는 필요하지 않았고, 특별히 가난한 사람도 없었다. 하지만 정착하여 생활하며 농사를 짓게 되자 생산물을 저장해야 하였고, 내 것과 네 것의 구분이 생겼다. 소유의 관념은 내 것과 네 것을 비교하게 되었고, 거기서부터 경쟁이 시작되었다. 경쟁은 아무리 순수해도 그 자체로 싸움과 비슷한 형태를 지니고 있는데, 조금만 치열해져도 진짜 싸움으로 바뀐다.

고대인의 사정을 현대에 옮겨 한마디로 표현한다면, 그것은 경제다. 인간이 모여 함께 먹고사는 일이다. 영국의 경제학자 토머스 맬서스(Thomas Robert Malthus, 1766~1834)는 『인구론』이라는 책에서 이렇게 말했다. "경제는 경쟁적인 생존 투쟁, 즉 인구 증가와 인류의 생산성 향상 노력 사이의 끊임없는 경주다."

거기에 자유주의와 민주주의 사상을 근본이념으로 건설한 오늘날 국가는 인권을 공동의 가치로 여긴다. 인권의 중심에는 평등이 있는데, 평등의 관념은 불평등의 현실을 낳는다. 우리는 평등이란 것을 의식함으로써 비로소 불평등을 알게 되는 것이다. 평등의 관념은 내가 다른 사람보다 뒤졌다거나 못하다는 상태를 용납할 수 없게 만든다. 여기가 경쟁과 싸움의 출발점이다.

에리히 캐스트너(Erich Kästner, 1899~1974)의 『하늘을 나는 교실』의 한 장면을 보자. 크리스마스가 다가와도 집에 갈 수 없는 마르틴은 화가 났다. 마르틴의 분노는 왜 생겼을까?

"하지만 나는 이렇게 건강하다고! 다리가 부러진 것도 아닌데 집으로 갈 수가 없다니. 나는 부모님을 사랑하고 부모님도 나를 사랑하는데도, 우리는 크리스마스이브를 함께 지낼 수가 없어. 도대체 무엇 때문에? 돈 때문이지. 왜 우리는 돈이 없을까? 우리 아버지가 다른 남자들보다 능력이 없어서? 아니야. 내가 다른 애들만큼 부지런하지 않아서? 아니야. 우리가 나쁜 사람이어서? 그것도 아니야. 그렇다면 무엇 때문일까? 많은 사람을 고통에 빠뜨리는 불공정함 때문이지. 그래서 많은 사람이 고통을 당하고 있는 거야. 공정하지 못한 걸 바로잡아 보려는 친절한 사람들도 있긴 해. 하지만 모레가 크리스마스이브야. 그때까지 그 친절한 사람들이 성공하진 못할 거야."

사회의 구조 자체가 욕심과 분노의 원인이 된다. 욕심과 분노는 생물학적 또는 유전적 요인에서 생기기도 하지만, 환경적 또는 사회구조적 요인에서 생기기도 한다. 그것은 누가 일일이 가르쳐 주지 않아도 경험으로 안다. 마르틴 같은 어린 학생조차도 정확히 인식하고 있다. 그렇다면 그다음에는 구조적 요인을 추적해야 하는가?

싸움이 무엇인지, 또 싸움의 원인은 무엇인지 왜 알아야 하는가? 왜 알려고 하는가? 근원을 따지고 드는 것은 무엇에 대한 정확한 지식을 얻기 위함이다. 지식은 우리에게 삶의 지혜를 제공한다. 우리는 지식에 따라 어떤 행동을 할지 선택하기 때문이다.

무엇의 근본 또는 본질에 대한 지식 또는 질문을 철학이라 한다. 러셀의 "과학은 우리가 아는 것이요, 철학은 우리가 모르는 것이다." 라는 말을 새겨 보면 이해할 수 있다. 철학적 지식은 우리가 모르던 것을 알게 됨으로써 얻는 힘이다. 그렇다고 그것이 항상 옳은 것은 아니다. 지식이란 언제나 어느 정도까지만 쓸모가 있는 법이다.

사람은 무엇에 대해 잘 알면, 그 무엇에 대한 대책을 잘 세울 수 있다고 믿는다. 질병에 대해 잘 알아야 치료 방법을 찾아낸다. 범죄의 원인을 잘 알아야 교정 방법을 찾아낸다. 예방 방법까지 마련할 수 있다.

싸움에 대해 알고자 하는 이유는 무엇인가? 싸움을 끝낼 수 있는 방법, 이미 치열해진 싸움을 말릴 수 있는 방법을 찾기 위해서다. 앞으로 생길 수 있는 불필요한 싸움을 사전에 방지할 수 있는 방법을 찾기 위해서다. 또는 불가피한 싸움의 경우에는 잘 싸울 수 있는 방법을 찾기 위해서다.

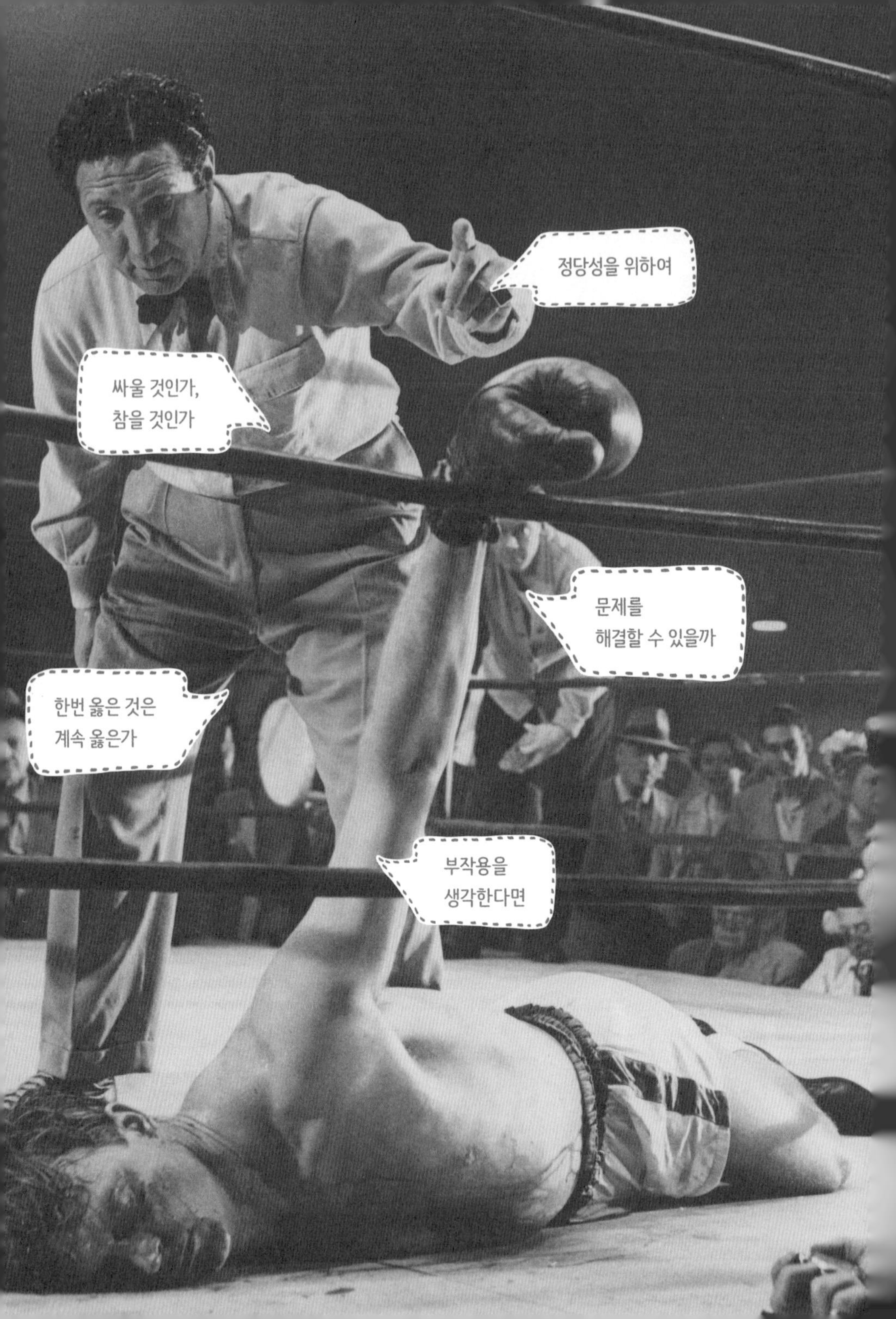
정당성을 위하여
싸울 것인가,
참을 것인가
문제를
해결할 수 있을까
한번 옳은 것은
계속 옳은가
부작용을
생각한다면

02

싸워서
무엇을
얻으려 하는가

분노의 방아쇠

싸움의 목적

움직이는 진리

싸움이 남기는 것

싸우지 않고 이기는 법

 분노의 방아쇠 싸울 것인가, 참을 것인가

"제발 싸우지 마라."

부모나 교사가 흔히 아이들에게 당부하는 말이다. 여당과 야당의
정치인들끼리도 가끔 이제 그만 싸우자고 외친다. 전쟁을 중단하고
평화 협정을 체결하는 당사국의 대표자들 표정은 또 얼마나 진지하
고 결의에 찬 모습인가. 싸움을 악행으로 여긴다.

"절대로 비겁하게 굴어서는 안 된다."

그런가 하면 싸움을 피해서는 안 된다고 경고하기도 한다. 싸워야
할 때에는 피하지 말고 당당히 맞설 수 있는 용기가 필요하다고 격려
한다. 불의와 침략에 대항하여 승리를 거둔 영웅의 초상은 여기저기
서 볼 수 있다. 싸움을 미덕으로 여긴다.

이렇듯 싸움에 대한 태도는 이중적이다. 싸우지 말라는 태도와 싸
움을 피해서는 안 된다는 태도가 있다. 싸움을 부정적으로 보는 사

람들은 타인한테 싸움을 걸어서도 안 되며, 타인이 싸움을 걸어와도 참아야 한다고 이른다. 반대로 싸움을 긍정적으로 또는 불가피한 것으로 보는 입장에서는 싸워야 할 경우 사태를 외면해서는 안 되며, 타인이 부당한 싸움을 걸어올 때 결코 피해서는 안 된다고 강변한다. 이러한 이중적 성격 때문에 싸움은 먼저, 싸울 것인가 말 것인가 결정하는 데서 시작한다.

사람의 에너지나 감정이 주변과 불균형을 이루며 감염 상태에 놓여 있다 하더라도, 그 감염 상태가 반드시 싸움으로 이어지는 것은 아니다. 싸울 수도 있고, 싸우지 않을 수도 있다. 욕심 또는 분노의 감정을 발산하면 싸움이 시작되고, 억제하면 싸움은 일어나지 않는다.

살아가면서 감기에 걸려 보지 않은 사람이 없듯이, 누구나 싸움을 경험한다. "난 평생 감기 한번 걸려 본 적 없어!"라며 큰소리치는 사람의 말은, 다른 사람에 비해 감기에 자주 걸리지 않는다는 의미에 지나지 않는다. 감기에 걸렸다는 사실을 스스로 의식하지 못하는 가운데, 감기가 찾아왔다가 그냥 사라지는 경우도 있다. 마찬가지로 사람은 싸움 직전의 감정의 감염 상태에 자주 빠진다.

미국 작가 존 스타인벡(John Ernst Steinbeck, 1902~1968)의 장편소설 『의심스러운 싸움』에서 이런 말이 나온다.

"당신하고 싸우고 싶지 않아요. 우리끼리 싸우지 않아도 싸울 일이 얼마나 많은데요."

주인공 짐이 화장실 안에서 만난 노동자와 사소한 말다툼 끝에 내뱉은 말이다. 무대는 미국을 비롯한 서양의 모든 사람이 경제적 어려움에 처한 1930년 대공황기의 미국 캘리포니아 농장 지대이다. 짐은 공산당에 가입한 뒤 파업을 주도하는 인물이다. 작가가 말하는 '의심스러운 싸움'이란 명분도 적고 승산이 없는 싸움을 의미한다. 그럼에도 그들은 왜 싸움을 하는가?

실제로 사람은 자주 싸우지만, 싸울 기회는 그보다 더 많다. 하루에도 여러 차례 감정의 감염 상태를 경험한다. 그 순간 결정해야 한다. 싸울 것인가, 참을 것인가.

과녁의 중심을 겨누고 있는 사격 선수를 떠올려 보자. 그는 정적 속에서 꼼짝하지 않고 목표물을 응시하고 있다. 그러면서 무엇을 생각할까? 왜 미동도 하지 않는가? 과녁의 한가운데를 맞히는 것이 목표다. 그러면 '저 가운데 작은 원을 맞혀야지.'라는 생각에 잠겨 있을까? 가늠구멍을 통해 가늠쇠를 과녁 중심에 맞춰서 "적중시켜야지."라고 중얼거릴까?

실제로 어쩌하든 그러한 과정은 오직 마지막 결정을 위한 것이다. '방아쇠를 언제 당길 것인가.'라는 결정이다. 방아쇠를 당기는 순간은 언제 어떻게 결정되며, 또 어떻게 실행되는가? 수학 문제를 풀듯이 조준선을 정렬하며 골똘히 생각에 잠겼다가 '이때다.' 하면서 방아쇠를 싸움은 분노의 방아쇠를 당기는 순간 시작된다.
그것은 싸움의 도발에 대응한 분노 또는
욕심에 근거한 싸움의 방아쇠다.

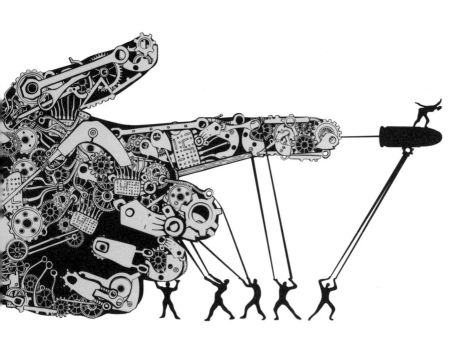

당기는가?

놀이공원에 소풍 가서 오락으로 하는 사격장에서는 그럴 수가 있다. 입으로 떠들면서 눈만 사용해 조준할 수 있다. 하지만 진짜 사격선수는 그렇지 않다. 진지한 자세로 조준하되, 습관적으로 무념무상의 상태에 빠진다. 흔히 '마음을 비운다'고 표현하듯이, 아무 생각이 없다. 그러다가 어느 순간 손가락에 힘을 준다. 그때도 '지금 방아쇠를 당겨야지.'라고 생각하면서 당기는 것이 아니다. 결정과 행동은 무심결에 이루어진다.

고민에 고민을 거듭해도 제대로 맞힐까 의심스러운데, 어떻게 무의식적 행동으로 정중앙을 꿰뚫을 수 있는가. 그것은 인간의 특별한 능력 때문인데, 심리학자들이 '메타인지' 또는 '초인지'라고 부르는 것이다. 메타인지는 제7감이라고 표현할 수 있는 능력이다. 쉽게 말하면 자신이 아는 것을 아는 것, 또는 자기도 모르게 아는 것이라고 할 수도 있다. 앞에 도랑이 나왔을 때, 그것을 내가 쉽게 뛰어넘을 수 있는가 없는가를 마음속으로 일일이 계산하고 고민하지 않더라도 순간적으로 알 수 있는 능력 같은 것이다. 메타인지 덕분에 사람은 많은 것을 본능적으로 결정하고 행동한다.

실제로 우리는 대부분의 행동을 무의식적으로 한다. 심리학자들은 사람의 행동 중 95% 정도가 무의식 상태에서 이루어진다고 한다. 횡단보도 앞에 서 있다가 파란불이 켜지는 것을 보는 순간 무심코 움직이기 시작한다. '앗, 파란불이구나. 파란불은 진행 신호다. 그럼 길을 건너야지. 오른발(또는 왼발)을 먼저 내딛자.' 이렇게 의식한 다음 길을 건너는 사람은 없다.

그렇다고 사람이 몽유병 환자처럼 몽롱한 상태에서 행동한다는 말은 아니다. 아주 정교하게 입력된 자동 기계처럼 행동한다고 말하는 편이 정확할 것이다. 누구나 자기 행동은 자신이 결정한다. 그런데 그 결정이 거의 무의식중에 일어난다. 조건 반사적으로 일어나는 것이다. 인간을 포함한 동물의 뇌에는 결정을 담당하는 세포가 있는데, 그 신경 세포를 '결정변인'이라 부른다. 결정변인이 수행하는 결정은 전기화학적 과정이다. 뇌의 전기 에너지에 의한 화학 작용에 따라 결정이 이루어진다. 결정변인에 의한 생리적 변화가 일어난 직후에 의식이 그것을 인식한다. 결정변인을 작동하게 하는 정보는 바로 메타인지가 제공한다. 사격 선수가 방아쇠를 당기는 순간의 결정을 맡기는 곳은 의식이 아니라 결정변인이다.

싸움은 분노의 방아쇠를 당기는 순간 시작된다. 그것은 싸움의 도발에 대응한 분노 또는 욕심에 근거한 싸움의 방아쇠다. 싸움의 결정은 도발 행위에 순간적으로 반응하여 우발적으로 생기는 경우도 있고, 오랜 시간에 걸쳐 이루어지는 경우도 있고, 철저히 고민하고 따진 끝에 계획적으로 하는 경우도 있다. 우발적인 싸움도, 계획적인 싸움도 싸움의 방아쇠를 당기는 결정은 거의 무의식중에 이루어진다. 내

가 대학에서 전공을 선택하고, 직장을 고르고, 배우자를 만나는 등
의 행위는 치밀한 계획과 숙고에 따른 것 같지만, 정확히 어느 순간에
어떤 동기로 이루어졌는지는 모른다. 결정변인의 마술이다.

그렇다고 내 몸의 신경 세포인 결정변인이 내 의지와 무관하게 작
동한다는 것은 아니다. 결정은 당연히 내가 한다. 사격을 하러 사격
장에 갈 것인가 말 것인가, 싸울 것인가 참을 것인가는 내가 결정한
다. 물론 그 결정 자체도 결정변인이 한다. 사선에 서기로 작정한 뒤,
싸우기로 결심한 뒤, 총이나 싸움의 방아쇠를 당기는 순간의 결정을
결정변인이 한다는 말이다. 주체인 나는 결정변인이 시기를 선택한
직후에 오는 확신으로 그 사실을 안다.

방아쇠를 어느 순간에 당길 것인가 하는 사격 선수의 결정은 결
과에 큰 영향을 미친다. 조준선이 과녁과 정확히 일치한 순간에 결정
변인이 결단을 내리면 정중앙의 10점을 맞힌다. 조금 흐트러지면 9
점이나 5점을 맞힐 수 있고, 실수하면 총알이 아예 과녁을 벗어나기
도 한다. 결정변인이 순간의 선택을 잘해야 하고, 그 결정에 따라 훈
련된 손이 흔들리지 않고 방아쇠를 정확히 당겨야 목적을 달성할 수
있다.

싸움도 마찬가지다. 싸우기로 결심했다면, 그 목적이 있을 것이다.
싸워서 이겨 성취하려는 목표가 그것이다. 그렇다면 언제쯤 싸움의
방아쇠를 당겨야 의도한 바를 이룰 수 있는가가 중요한 문제다. 싸움

은 사격과 달리 싸움을 할 것인가 말 것인가 하는 초기의 결정이 더 큰 비중을 차지할 수 있다. 하지만 언제 싸움을 시작하느냐가 결과에 영향을 끼친다는 점은 분명하다.

싸움이 사격과 본질적으로 다른 점은 결과의 확인이 어렵다는 것이다. 사격을 하고 난 뒤에는 과녁을 살펴봄으로써 결과를 정확히 알수 있다. 그러나 싸움은 그렇지 않다. 싸운 뒤, 심지어 싸워서 이긴 뒤라 하더라도, 그 결과가 원래 목표로 한 것을 달성하였는지는 불분명하다. 그것은 재판의 결과와 같다. 법관은 재판을 하면서 고심한다. 원고와 피고 중 누가 옳은가, 범죄자로 끌려온 피고인이 유죄냐 무죄냐 사이에서 방아쇠를 당기듯 결정을 한다. 결정에 따라 판결문을 작성하고 법정에서 선고한다. 그런데 법관은 자신이 내린 결론이 옳은지 그른지 알지 못한다. 우연한 기회에 오판이란 사실을 확인할 때가 있을 뿐이고, 그렇지 않을 때에는 옳았다고 믿는 수밖에 없다. 옳고 그름의 진실 또는 실체는 영원히 모른다.

그러므로 재판이나 싸움은 결정 자체도 중요하지만, 답안지를 채점하듯 그 결과를 정확히 알 수 없기 때문에 잘못을 최소화하도록 노력해야 한다. 싸움의 결과가 옳지 못하다면, 상대방에게 피해만 입힌 꼴이 되기 때문이다.

우선 결정을 잘하려면 메타인지 능력이 탁월해야 한다. 그런데 메타인지는 자신도 잘 알 수 없는 초능력 비슷한 것이다. 그러니 메타인

재판이나 싸움은 결정 자체도 중요하지만,
답안지를 채점하듯 그 결과를 정확히 알 수 없기 때문에
잘못을 최소화하도록 노력해야 한다.
싸움의 결과가 옳지 못하다면,
상대방에게 피해만 입힌 꼴이 되기 때문이다.

지 능력을 향상시킬 수 있는 뾰족한 방법이 없다. 자신의 노력으로 키울 수 있는 것은 일반의 인지 능력이다. 아마도 정상의 일반 인지 능력을 키우면 그것이 잠재적으로 메타인지 능력을 증가시킬 것이다.

일반 인지 능력을 키우기 위해서 평소에 공부하고 훈련해야 한다. 공부와 훈련의 대상은 다름 아닌 이 세상이다. 나와 나의 환경이다. 세계에 대하여 더 많이, 그리고 정확히 이해하는 것이 일반의 인지 능력을 키우는 기본 방식이다. 보통의 인지 능력이 커지면 그것을 바탕으로 메타인지 능력의 향상을 기대할 수 있다. 물론 복권 당첨을 기다리듯 가만히 앉아 있는 것보다야 노력해 보는 것이 낫다. 사람은 왜 예술을 하는가? 사람은 왜 알고 싶어 하는가? 사람은 왜 싸우며, 또 서로 돕는가? 그것이 왜 궁금한가. 단순한 호기심 때문일 수도 있지만, 세상을 더 이해하고 싶어 하는 인간의 본능적 욕망이 발동하기 때문이다. 그 문제를 탐구한다고 정확한 결론에 이른다는 보장은 없지만, 고민하는 과정이 바로 공부다. 폭넓은 공부가 우리의 메타인지 능력을 향상시켜 줄 것이다.

메타인지는 무언가 중요한 결정을 하기 전에 자신의 생각과 판단을 의도적으로 의심해 보는 것이다. 따라서 평소에 어떤 문제에 관하여 깊이 사유하는 습관은 메타인지를 기르는 데 도움이 된다. 그러한 깊은 사유는 보통의 지식, 즉 일반의 인지 능력을 바탕으로 한다. 우리가 싸움에 대한 지식과 정보를 바탕으로, 싸움이 무엇인가 깊이 생각해 보는 것은 메타인지를 키워 준다.

싸움을 하는 데에도 공부가 필요하다니. 그렇다. 판단력이 필요하기 때문이다. 그 판단력은 싸울 것인가 참을 것인가의 선택, 그리고 언제 어떻게 싸울 것인가를 결정하는 데 필요하다.

 싸움의 목적 정당성을 위하여

왜 싸우는가? 이기기 위해서 싸운다고 답할 수 있다. 지려고 시작하는 싸움은 없다. 하지만 승리는 싸움의 일차적 목표일 수는 있지만, 궁극적 목적은 아니다. 이겨서 얻으려는 것이 무엇인가? 그것이 싸움의 진정한 목적이다.

싸움의 목적이 분명하면, 싸움의 전략을 그 목적에 맞추어 결정할 수 있다. 싸울 것인가 말 것인가, 언제 어떻게 싸울 것인가를 목적 달성에 가장 적합하게 고려하여 결정할 수 있다는 말이다.

사람은 누구나 잘 살기 위해서, 즉 행복해지려고 노력한다. 싸울 수밖에 없는 상황이란 즐겁고 행복한 기분이 드는 상황과는 반대의 경우다. 상대를 칭찬하고 함께 협력하고 싶은 기분과는 반대의 기분이 드는 상황이다. 그 상황을 참고 견디지 못하면 싸우는 수밖에 없다. 싸움이 행복에 반하는 상황에서 벗어날 수 있는 수단이라고 판단하기 때문이다. 싸움을 수단으로 선택하는 것은 싸워서 이겨야만 자신이 행복해질 수 있다는 생각이 전제되어 있다. 이기는 것이 자신의 삶에 어떻게든 도움이 된다고 여기기 때문이다. 싸움을 하기로 결정하는 일은, 자신의 행복 추구를 위한 수단으로 싸움을 선택하는 것이다.

개인적인 욕심 때문에 싸우는 경우는, 자신의 이익이 구체적 목적이다. 어떤 형태든 이익은 자기에게 만족감과 안도감 또는 쾌락을 가져다줄 테고, 그로 인하여 행복해질 수 있다고 믿는다. 개인의 이익을 위한 싸움이 정당하게 보장된 경우는 그것을 경쟁이라고 부른다. 경쟁이란 말은 마치 싸움이 아닌 것처럼 이해하게 만든다. 경쟁이 싸움인지 아닌지, 아니라면 싸움의 원인이 되는 것인지도 논란거리다.

어쨌든 경쟁이 싸움과 다르다고 한다면, 사적인 이익을 위한 싸움은 정당하지 않은 경쟁을 의미한다. 싸움 그 자체가 정당성을 상실한 경우다. 다시 말하면, 옳지 않은 싸움이라는 의미다.

그러면 개인적 이익이 아닌 공공의 이익을 위한 싸움은 정당한가? 공공의 이익은 공동체에 속한 모두의 이익이므로, 그것을 증진시키려는 노력이 정당하지 않을 리 없다. 자기 자신에게 직접 대가가 돌아오는 것도 아닌데 위험을 무릅쓰고 싸우는 일은 가상한 모범 행위로 여겨지기도 한다. 물론 공공의 이익이 증가하면 거기에 속한 자신에게도 이익이 된다. 무엇보다 자신이 속한 공동체는 환경으로서 자신의 일부이기도 하니까. 문제는 '무엇이 공공의 이익이냐' 하는 것이다.

신경숙의 소설 『외딴방』의 주인공 '나'는 시골에서 중학교를 졸업하고 외사촌 언니와 함께 서울로 와 동남전기 주식회사에 취직했다. 잠깐 훈련을 받고 작업장에 배치되어 컨베이어 앞에 섰다. 그때부터 나는 스테레오과 A라인 1번, 외사촌은 2번으로 불렸다. 내가 할 일은 원판에 위치와 크기가 다른 나사 일곱 개를 에어드라이버로 고정하는 것이었고, 외사촌은 거기에 다른 나사를 더 박아야 했다. 나와 외사촌은 서툴러 많이 더듬거렸고, 3번은 하품을 하며 기다렸다. 이른 아침에 출근해 점심시간 한 시간을 빼고 나면 꼼짝할 수 없었다. 12시간 정상 근무 외에도 퇴근 시간이 지나면 잔업을 했다. 셋집으로 돌아가면 가구도 없는 작은 방 한 칸에 큰오빠까지 셋이서 함께 잤다. 유일하게 쉬는 날인 일요일이면 청소와 빨래를 하느라 낮잠 잘 시간도 없었다. 그렇게 한 달을 보내고 나면, 구내식당의 점심값을 공제한 월급을 받았다. 당시 평범한 집안의 대학생 용돈 절반에도 못 미치는 금액이었는데, 그나마 걸어 다녀 교통비가 절약된 수입이었다. 1978년의 광경이다.

어느 날 C라인의 동료 직원 최가 출근을 저지당했다. 전날 잔업을 하지 않고 퇴근했다는 이유로, 생산과장은 최에게 사직서를 쓰라고 강요했다. 준비반 조장 유채옥이 나서서 최를 위해 싸웠다. 잔업은 정상 근무 시간 외에 하는 근무다. 그래서 수당이 있는 것이다. 시간 외 수당을 포기하고 잔업에 빠지는 것은 노동자가 선택할 수 있다. 최는 일찍 퇴근한 것이 아니라 퇴근 시간이 돼서 퇴근했을 뿐이다. 그것도 닷새 동안 계속 코피를 흘릴 정도로 피곤해서 잔업을 포기한 것이다. 생산과장은 유채옥에게 욕설을 퍼부었다. 생산 현장에서 일어나는 일은 모두 생산과장이 알아서 한다. 어디 마음대로 대드느냐고 힐난했다. 유채옥은 지지 않고 맞섰다. 우리는 기계가 아니다. 왜 함부로 대하느냐. 우리가 주장하는 것은 노동법이 보장하고 있는 노동자의 권리다.

노동조합을 결성해 회사에 대항하여 싸우는 유채옥의 행위는 공공의 이익을 위한 것이므로 정당한가? 노동법이 보장하는 노동자의 권리는 언뜻 보면 개인의 권리 같지만, 실제로는 개별 노동자를 통해 노동자 전체의 권리를 보장하게 되므로 공적 이익이다. 회사에 비하면 노동자는 상대적으로 사회적 약자이므로, 그들의 권리는 공익에 해당한다.

게다가 유채옥의 주장처럼 노동자의 권리는 법으로 보장하고 있다. 그러므로 소설 속 여성 노동자들의 싸움은 정당하다. 정당하므로 당연히 싸워야 한다. 그렇다면 거기에 상대하여 싸우는 회사는 옳지 않다는 말이 된다. 그런가? 회사나 회사를 대표하는 생산과장은 자신이 옳다고 생각하기 때문에 싸우는 것인가, 옳지 않다는 사실을 모르기 때문에 싸우는 것인가?

서로 싸우는 양쪽 당사자 중 어느 한쪽이 옳다면, 다른 한쪽은 옳지 않아야 한다. 한쪽이 정당하다면, 다른 쪽은 정당하지 않은 경우가 된다. 싸움이 그러한 것이라면, 옳은 쪽이 이기면 된다. 만약 정당한 쪽이 질 것 같으면, 그쪽을 집중적으로 도와서 이길 수 있도록 만들어야 한다. 그렇게만 된다면 정의가 실현되지 않겠는가.

하지만 모든 싸움을 옳음과 그름, 정당과 부당 혹은 정의와 불의로 가를 수 없다. 비교적 객관적인 입장이라 할 수 있을 제3자도 판단할 수 없는데, 싸우는 당사자는 어떻겠는가. 싸우는 양쪽 당사자는 제각기 자기가 옳다고 생각한다. 생각하는 정도가 아니라, 확신한다. 제3자는 거기에 대한 분명한 자신의 견해를 가질 수 있을 뿐이다. 거의 대부분의 싸움이 그러하다.

『외딴방』의 일화는 노동자의 지위를 이해하는 입장에서 보면 명백히 회사가 법까지 어기며 억지를 부리는 것으로밖에 볼 수 없는데, 생산과장은 어떻게 회사가 옳다고 생각하는가? 그는 이렇게 생각할 수 있다.

"회사 사정이 그다지 좋지 않다. 경쟁이 치열한 가운데 한 푼이라도 더 벌어야 살아남을 수 있다. 모든 노동자가 일치단결하여 일 초라도 더 일을 해서 다른 나라나 다른 회사보다 하나라도 더 팔아야 한다. 그래서 모두 잔업에 참여하는데, 몸이 피곤하다는 이유로 한 사소설 속 여성 노동자들의 싸움은 정당하다.
정당하므로 당연히 싸워야 한다. 그렇다면 거기에
상대하여 싸우는 회사는 옳지 않다는 말이 된다.
그런가?

람이 빠지면 생산 라인에 차질이 생긴다. 그것이 본보기가 되면 다른 노동자도 쉬고 싶을 때 언제든지 쉬려 할 것이다. 제품을 빨리 만들어 제 날짜에 수출하지 못하면 회사는 큰 손해를 입을 수도 있다. 우선 회사가 잘 되어야 노동자들에게도 혜택이 돌아갈 수 있지 않겠는가. 우리가 노동자들을 다그치는 것은 결국 모두를 위한 노력이지 회사만 잘 되자고 하는 일이 아니다."

거기에 대한 노동조합과 유채옥의 반론은 얼마든지 있다.

"회사 사정을 봐주면 강자인 회사는 항상 회사 마음대로 한다. 회사는 돈과 해고를 무기로 노동자를 위협해 하고 싶은 대로 부려 먹으려 한다. 사정이 아무리 어려워지더라도 회사는 망하지 않는다. 언제나 생계유지하기도 어려운 적은 월급으로 노동자들만 희생을 강요당한다. 요구하지 않으면 얻을 수 없고, 싸우지 않으면 이길 수 없다."

생산과장은 폭력을 휘두를 듯이 삿대질을 하며 언성을 높인다.

"가장 나쁜 것은 노동조합이다. 노동조합은 말 잘 듣는 노동자들을 부추겨 싸우게 만든다. 조합비를 받아서는 노조 간부들 회전의자 돌리는 데 쓴다."

거기에 반론을 제기하자면 이제는 노동조합의 역사부터 들먹여야 할 차례다.

"아무리 자본의 힘이 일터를 제공할 수 있다지만, 생산을 하는 것은 노동이다. 노동자들은 극히 일부만 자기 몫으로 가져가고, 생산으

로 인한 이익의 대부분은 자본가가 차지한다. 정당한 몫은 차치하고
사용자가 노동자를 인간적으로만 대우해 주어도 울분이 조금은 가
라앉을 것이다."

이런 식으로 서로 옳다고 끝없이 싸운다. 서로 옳다고 우기기 때문
에 싸움은 계속된다. 그런데 제3자의 시선이나 공동으로 마련한 기
준에는 아랑곳하지 않고 대부분의 사람은 한번 자기가 옳다고 우기
기 시작하면 끝까지 밀고 나간다. 옳다는 이유나 근거를 얼마든지 만
들어 내면서 자신의 정당성을 내세운다.

영국의 유명한 물리학자이면서 평화주의자였던 프리먼 다이슨
(Freeman John Dyson, 1923~)은 제2차 세계대전이 터지자 공군의 폭격
사령부에서 근무하게 되었다. 히틀러의 야욕으로 전쟁이 시작되었을
때만 해도 다이슨은 인류의 형제애를 굳건히 믿고 스스로 간디의 추
종자로 자처하며 모든 폭력에 반대했다. 하지만 영국 공군은 전쟁의
마지막 해에 독일의 드레스덴을 폐허로 만들 정도로 심한 폭격을 퍼
부었다.

군대에 들어가서 다이슨은 마음속으로 이렇게 속삭였다.

"불행하게도 히틀러에 대해서만은 비폭력 저항이란 것이 해당될
수 없다. 하지만 윤리적으로 나는 여전히 폭력에 반대한다."

그리고 얼마 뒤에는 이렇게 생각이 바뀌었다.

"불행하게도 히틀러에 대해서만은
비폭력 저항이란 것이 해당될 수 없다.
하지만 윤리적으로 나는 여전히 폭격에 반대한다."

"불행하게도 전쟁에 이기기 위해서는 폭격을 해야 한다. 그래서 나는 기꺼이 폭격 사령부로 일하러 나간다. 그렇지만 윤리적으로 도시에 대한 무차별 폭격에는 반대한다."

폭격 사령부에 앉아 상황을 지켜보던 다이슨은 자신을 이렇게 타일러야 했다.

"불행하게도 우리는 도시를 무차별로 폭격하고 있지만, 전쟁에 이기는 데 도움이 되는 행위이므로 윤리적으로 정당화될 수 있다."

그로부터 1년 뒤, 다이슨은 다시 자신의 원칙을 변경하지 않을 수 없었다.

"불행하게도 우리가 지금 퍼붓는 폭격이 전쟁에서 이기는 데 도움이 되는 것은 아니다. 하지만 폭격기 승무원들의 생명을 지키기 위해서 일하고 있으므로, 내가 하고 있는 일은 윤리적으로 정당하다."

전쟁이 끝나고 한참 뒤, 다이슨은 전쟁이라는 구체적 현실 앞에서 자신만만하게 지니고 있던 자기의 원칙을 하나씩 변명하듯 써먹어 버린 일을 양심적으로 회상했다. 그의 솔직한 회고담에서 인간이 얼마나 논리라는 이름으로 구실을 잘 만들어 내는가 알 수 있다. 모든 인간은 싸움의 정당한 이유를 필요한 만큼 창작해 내는 데 능숙하다.

움직이는 진리 한번 옳은 것은 계속 옳은가

서로의 생각이나 입장에 따라 바뀔 수 없는 것을 목적으로 하는 싸움은 어떨까? 예를 들면, 과학적 진리 같은 것 말이다. 객관적 진리라면 둘 이상이 존재할 리가 없을 테고, 옳고 그름이 분명할 것이니 싸움의 여지가 없어야 한다. 설사 싸움이 벌어진다 하더라도, 한쪽은 맞고 한쪽은 틀린 것이 분명하다. 그때 옳지 않으면서 싸우는 쪽은 정당하지 않다고 말할 수밖에 없다.

누구나 잘 아는 천동설과 지동설의 싸움을 따져 보자. 과거에는 지구가 세상의 중심이고, 태양을 비롯한 별들이 지구 주위를 돈다고 믿었다. 그것이 바로 천동설이며, 신이 모든 것을 만들었다는 창조설과 잘 맞아떨어졌다. 그러다 1543년 코페르니쿠스(Nicolaus Copernicus, 1473~1543)가 『천체의 회전에 대하여』란 책을 통해, 태양이 우주의 중심이며 지구는 다른 별들과 함께 태양 주위를 돈다는 지동설을 주장했다. 이 정도는 일반 사람들의 상식이며, 유치원생도 알고 있을 만한 지식이다.

당시 천동설과 지동설을 주장하며 서로 싸웠다면, 천동설을 지지한 사람들은 틀렸고, 지동설을 믿은 사람들은 옳았는가? 지동설론자는 정당하고, 천동설론자는 정당성을 상실한 것인가? 싸움의 결과 지동설이 이기면 정의가 실현된 것이며, 천동설이 이기면 부조리한

싸움의 결과 지동설이 이기면 정의가 실현된 것이며,
천동설이 이기면 부조리한 현실이 되는 것인가?
코페르니쿠스가 지동설을 주장한 직후에는
지동설이 탄압을 받았지만, 끝내 승리를 거둔 것인가?

현실이 되는 것인가? 코페르니쿠스가 지동설을 주장한 직후에는 지동설이 탄압을 받았지만, 끝내 승리를 거둔 것인가?

역사적 사실이든 과학적 지식이든 정확하고 상세하게 말하려면 아주 복잡해진다. 하지만 조금만 다르게 설명해도 기존의 상식을 살짝 뒤집거나 의심하도록 만드는 것이 가능하다. 그런 의도로 간략히 말하면 이렇다. 지동설은 옳다. 그렇다고 천동설이 틀린 것은 아니다. 태양 중심설(지동설)은 과거의 지배적인 생각을 뒤집어 놓은 혁명적인 훌륭한 이론이다. 그런데 지구 중심설(천동설)도 하나의 이론으로서는 엄연히 성립한다. 간단히 말해, 둘 다 틀린 이론은 아니지만 지동설이 천동설보다 훨씬 합리적이고 이해하기에 편할 뿐이다. 천체물리학의 입장에서 보자면, 하나의 방 안(태양계)에 여러 물체가 동시에 움직일 때, 어느 것(지구 또는 태양)을 기준으로 삼더라도 서로의 운동 관계를 설명할 수 있다.

코페르니쿠스는 책을 낸 뒤 바로 사망하여 싸울 기회도 없었다. 하지만 그 뒤 갈릴레오(Galileo Galilei, 1564~1642)는 지동설을 주장하다가 교황청의 압력에 굴복해 겉으로는 싸움을 포기하고 항복했다. 두 사람의 중간에 나타난 이탈리아의 철학자 조르다노 브루노(Giordano Bruno, 1548~1600)는 자기주장을 굽히지 않고 소신을 펼치다가 말뚝에 묶여 화형을 당하고 말았다. 브루노는 코페르니쿠스의 영향을 받아 지동설을 주장했지만, 반드시 그것 때문에 처형된 것이라고 하기는 힘들다. 브루노는 거기서 한 걸음 더 나아가 지구도 움직이지만 태양도 움직이며, 우주에는 무수히 많은 세상이 존재한다고 했다. 한마디만 덧붙이면, 지동설은 코페르니쿠스가 처음 주장한 이론도 아니다. 그보다 1800년 전에 사모스의 아리스타르코스(Aristarchos, BC 310경~BC 230경)가 지동설에 관한 논문을 발표했으며, 그 외에도 여러 사람이 같은 생각을 하고 있었다. 따지고 묻기 시작하면 이렇게 끝이 없다.

천동설과 지동설의 대립을 진리를 가리는 싸움으로만 이해한다면, 거기에는 '하나는 옳고 하나는 틀렸다'라고 단정적으로 말할 수 없는 복잡한 사정들이 있다는 점을 말하고자 하는 것이다. 그러한 예는 많다.

우리가 살고 있는 지구의 나이가 몇 살이나 되었을까. 한때 1000만 년 또는 3000만 년 정도 되었을까 하다가, 최소 1억 년은 넘었다는 발표에 모두가 경악하였다. 그러다가 어느새 45억 년에서 50억 년 사이쯤일 것이라는 믿음에까지 이르렀다.

세상의 만물이 무엇으로 이루어졌는지 왜 궁금하지 않겠는가. 모든 물질의 최소 단위는 원자라고 했다. 더 나눌 수 없는 존재라는 의미의 원자(atom)를 물리학자들은 기어이 쪼개고 말았으며, 보통 미립자라고 표현하는 쿼크(quark)만 하더라도 여러 종류가 발견됐다. 지금도 연구소에서는 거대한 입자가속기를 돌려 미립자를 깨뜨리고 있다.

반대로 저 광대무변의 우주의 끝은 어떤가. 우주는 엄청난 속도로 팽창한다는 것이 현재의 진리인 양 받아들여지고 있지만, 언제 다시 수축설의 증거가 나타날지 모를 일이다.

진리를 위해 싸운다는 것은 어떤 의미인가? 조금 바꿔 생각해 보자. 그런 목적으로 싸움을 선택했을 때 이겨서 얻을 수 있는 것이 무엇이란 말인가. 내가 이기면 나의 주장이 진리로 확정되는 것은 결코 아니다. 힘이 진리가 될 수 없기 때문이다.

진리는 이상적이고 궁극적인 목표다. 인류가 거기에 도달할 수 있을지 아무도 장담하지 못한다. 도달하는 것이 불가능해 보여도 인간은 포기하지 않는데, 그 노력의 방식이 학문이다. 학문이라는 나무의 가지와 잎은 이론으로 구성되어 있다. 이론은 인간의 지성으로 피워 올린 불꽃으로 그것이 익힌 열매에서는 빛이 나지만, 안타깝게도 영원한 생명력을 지니지 못한다. 이론은 변하지 않는 진리의 한 부분이 아니라, 진지한 인간이 세상을 이해하는 하나의 방식이다. 따라서 이론마다 저마다의 장점과 단점이 있다. 반드시 옳고 언제나 그른 이론은 없다.

이쯤 되면 하나의 요점에 이르게 되는데, 진리를 얻거나 확인하기 위한 수단으로 싸움은 적절하지 않다는 것이다. 이겨 봐야 목적을 달성할 수 없기 때문이다. 진리를 내세운 싸움은 대체로 진리 때문이

아니라 진리를 둘러싼 자신들의 정치적 입장 때문에 일어난다. 지동
설과 천동설의 싸움은 과학적 진리보다 종교의 권위와 솔직하지 못
한 태도 때문에 벌어진 것이다. 종교 재판은 갈릴레오를 굴복시켰지
만, 갈릴레오의 믿음까지 바꾸지는 못했다. 로마 교황청은 브루노를
불에 태워 죽였지만, 브루노를 지지하는 사람들의 분노를 더 끓게 만
들었다.

공공의 이익도 마찬가지다. 공공의 이익은 모두에게 필요한 것이지
만, 공이에 대한 생각은 저마다 다르다. 서로 다른 생각이 원인이 되
어 싸울 경우, 이겨서 얻는 것과 져서 잃는 것을 저울질하고 남는 것
으로 공익을 증가시킬 수도 있지만, 반대로 감소시킬 수도 있다.

소설 『외딴방』 속의 동남전기 노동자들은 공익을 위해 싸웠지만,
마지막에는 회사가 경영난으로 문을 닫고 결과적으로 노동자들은
월급도 제대로 받지 못하고 뿔뿔이 흩어졌다. 시간이 흐르고 상황이
변하면, 명백해 보이던 옳고 그름의 판단이 흔들릴 수 있다.

개인의 이익이나 욕심을 위한 싸움은 더 말할 나위가 없다. 싸움에
이겨 노리던 것을 차지하면, 그로 인하여 손해를 본 누군가가 가만있
지 않는다. 기회를 노리고, 언젠가는 복수를 감행한다. 요행히 그 피
해자가 참을성이 많아 복수를 포기하면, 그 피해의 상속자가 복수심
을 되살리기도 한다. 복수의 포기로 안도의 숨을 내쉬는 일시적 승리
자는 그 도취감에 마비되어 또 다른 이익을 노리고, 마침내 한 번은

복수를 당하고 만다.

자유로운 경쟁을 최고의 규칙으로 삼는 자본주의 경제 체제의 문제가 심각하게 나타나는 이유도 거기에 있다. 무한 경쟁은 모든 사람을 잘살 수 있게 하는 것이 아니라, 다수의 생활을 더 어렵게 만든다. 무한 경쟁의 논리가 사람들로 하여금 눈앞의 싸움에서 이기는 것을 최선으로 여기고 패자에 대한 배려를 외면하도록 함으로써, 패자의 울분을 훗날 복수심으로까지 격화시킨다.

 싸움이 남기는 것 문제를 해결할 수 있을까

싸움의 원인에는 자기가 옳다는 전제가 깔려 있다. 자기의 생각이 옳다는 것이다. 나아가 싸우기로 결정한 자기의 판단 역시 옳다고 생각한다. 자기에게 옳지 않은 점이 있긴 하지만, 그럼에도 싸우지 않을 수 없는 사정이 있다고 믿는 경우도 있다. 그래서 싸움이 일어난다. 하지만 바로 그 점 때문에 싸움으로는 이겨서 얻으려던 애초의 목적을 달성할 수 없다.

아체는 인도네시아 수마트라 섬의 북쪽 끝 부분 지역 이름이다. 동남아시아에서는 제일 먼저 650년경에 이슬람을 받아들였고, 무역 중심지로 성장하여 한때 세계에서 가장 부유한 국가의 하나였다. 자원이 풍부한 땅인데다 해상 교통의 요지이다 보니 많은 나라가 탐을 냈다. 바닷길 개척에 나선 포르투갈이 먼저 차지하자, 아체는 34년 동안 맞서 싸웠다. 뒤를 이어 영국과 네덜란드가 아체를 식민지로 삼기 위해 각축을 벌인 끝에 네덜란드가 점령에 성공했다. 아체의 네덜란드를 상대로 한 투쟁은 무려 69년 동안 계속되었다. 게릴라전까지 펼치며 물러서지 않았지만, 네덜란드를 물리친 것은 아체 독립군이 아니라 또 다른 야욕으로 무장한 일본이었다. 다시 일본을 몰아내기 위한 독립 항쟁이 힘겹게 전개됐다. 일본은 1945년 제2차 세계대전에서 미국을 비롯한 연합군에 패배하여 쫓겨 갔다. 그러자 네덜란드가 다시 기득권을 주장하며 아체를 포함한 인도네시아를 차지하겠다고 덤벼 들었다. 결국 국제사회의 도움으로 몇 년 뒤에야 인도네시아는 독립했다.

인도네시아의 독립이 아체의 독립까지 가져다주지는 않았다. 인도네시아의 대통령이 된 수카르노는 독립시켜 주겠다던 약속을 어기고 아체를 수마트라의 한 부분으로 편입했다. 반발한 아체가 1953년 이슬람공화국으로 독립을 선언하자, 인도네시아 정부군이 무력으로 진압했다. 1965년에는 수하르토가 쿠데타로 집권하여 아체의 독립 움직임을 더 철저히 짓밟았다. 인도네시아 정부가 아체의 독립을 원하지 않는 것은 아체의 석유와 천연가스 매장량이 엄청나기 때문이다.

인도네시아 정부는 원유와 가스 전체 생산량의 30%를 아체에서 가져가면서 아체의 경제와 복지는 외면했고, 아체 지역 주민의 대다수는 빈곤에 허덕였다. 아체의 독립 의지는 더욱 불타올랐다.

　아체와 인도네시아의 전쟁은 더욱 격렬해질 수밖에 없었다. 인도네시아 내부의 싸움이 29년째를 맞은 2003년, 정부는 아체 전역에 계엄령을 선포하고 중무장한 병력을 5만 명 가까이 파견해 자유아체운동 박멸 작전에 들어갔다. 처참한 전투가 벌어진 끝에 아체 군은 2000명, 정부군은 500명의 희생자를 냈다. 끔찍한 내전은 도무지 해결할 길이 없어 보였는데, 아무도 예상하지 못한 사건이 평화를 가져다주었다.

　2004년 12월 26일, 인간들의 싸움을 꾸짖듯이 바다가 일어섰다. 지진으로 해저 구조가 변하면서 일어나는 해일, 쓰나미가 밀어닥쳤다. 아체 주민 17만 명이 사라졌고, 40만 명이 집을 잃었다. 아체는 전쟁을 생각조차 할 수 없는 지경이 되고 말았다. 이미 엄청난 화력과 병력을 동원한 정부도 재정 파탄으로 기진맥진한 상태였다. 결국 인도네시아 정부와 아체는 휴전했고, 아체는 우선 자치주로 인정받게 되었다.

　인간의 재물에 대한 욕심은 권력을 향한 욕심과 어우러지고, 작은 싸움은 점점 커져 전쟁으로 비화한다. 한번 시작된 싸움은 그치지 않으며, 원인과 이유는 꼬리에 꼬리를 문다. 전쟁의 승패도, 협정에 의

인간의 재물에 대한 욕심은
권력을 향한 욕심과 어우러지고,
작은 싸움은 점점 커져 전쟁으로 비화한다.
한번 시작된 싸움은 그치지 않으며,
원인과 이유는 꼬리에 꼬리를 문다.

한 평화도 싸움을 완전히 멈추게 하지 못한다. 결국 잠정적이나마 서로 정신을 차리고 살길을 찾게 만든 것은 쓰나미였다. 싸움이 갈등의 원인을 제거하고 문제를 해결하는 데 결코 좋은 수단이 될 수 없다는 사실을 상징적으로 보여 준다.

싸울 수밖에 없는 상황이란 즐겁고 유쾌한 기분이 감도는 상황과는 정반대의 경우다. 상대를 칭찬해 주고 도와주고 싶을 때는 행복한 기분이 든다. 반대로 분노, 불쾌함, 부당함, 불편함을 느낄 때는 견디기 힘들다. 인간의 본성은 행복을 추구하는 방향으로 맞추어져 있다. 물론 분노나 화는 인간의 본래 감정 중의 하나겠지만, 정상의 상태라고 할 수는 없다. 정상의 상태를 벗어나 다시 정상 상태의 회복을 바라는 상태다.

사람이 흥분하면 정신과 육체가 함께 긴장한다. 분노의 감정에 자극된 뇌는 스트레스에 대응하여 부신피질에서 코르티솔을 분비하도록 만든다. 급속히 증가하는 아드레날린과 함께 분비되는 코르티솔은 스트레스 호르몬이라고 불리는데, 세포에 축적된 글리코겐을 파괴하여 노화를 촉진시킨다.

분노로 인한 생리학적 변화는 부수적인 문제라고 할 수 있다. 분노가 드러내는 직접 현상에 비하면 말이다. 분노는 공격적인 요소로 가득 차 있다. 방아쇠만 당기면 그 에너지는 즉시 폭격을 퍼붓기 시작한다. 싸울 때의 공격성은 타인을 해치려고만 든다. 순간적인 광기를 보일 때가 많다. 싸우기 직전이나, 싸움 중이거나, 싸우고 난 직후에 누구나 경험하는 감정이다.

공격의 일차 목표는 상대를 굴복시키는 것이다. 그것이 쉽지 않다고 판단될 때의 다음 단계 목표는 상대를 파멸하게 만드는 것이다. 할 수만 있다면.

A는 서울의 법학전문대학원 교수다. 촉망받는 젊은 법학자는 사랑도 이루어 결혼을 준비했다. 하지만 어머니가 반대했다. 며느리 될 사람이 마음에 들지 않았다. A는 여러 차례 설득해 보았지만 어머니는 요지부동이었다. 결단을 내린 A는 어머니의 강력한 반대를 무릅쓰고 결혼했다. 화가 치민 어머니는 결혼을 인정할 수 없다며 틈만 나면 며느리를 괴롭혔고, 학교까지 찾아가서 아들을 질책했다. 이성적 대화로 해결할 수가 없다고 생각한 A는 어머니를 만나지 않고 피하기로 했다. 그러자 어머니는 아들 부부의 아파트 현관에는 물론 아들이 재직 중인 대학의 게시판에 A를 비난하는 벽보를 붙이고, 그것도 모자라 피켓을 들고 1인 시위를 벌였다. 그러면서 계속 "파멸하고 말 것이다.", "차라리 죽어 버려라." 따위의 끔찍한 문자와 음성 메시지를 보냈다.

A도 화가 났다. 더는 참을 수 없는 지경에 이르렀다. A가 선택한 마

지막 수단은 재판이었다. 법원에 자기 어머니를 상대로 접근 금지 가처분 신청을 했다. 재판도 쉽게 끝나지 않았다. 한쪽이 이기면 다른 쪽이 불복하는 가운데 3년을 끌다가 결론에 도달했다. 어머니는 A의 집과 직장을 찾아가면 안 되며, 전화나 문자 또는 음성 메시지로 A의 생활을 방해해서도 안 된다. 만약 어기면 위반 행위 1회에 50만 원을 A에게 지급해야 한다. 이것이 법원의 선고 내용이었다.

2015년 초에 결말이 난 이 사건은 바로 우리 주위에서 쉽게 발견할 수 있는 광경 중의 하나다. 드러나지 않는 일까지 감안하면, 사람들 사이에 벌어지는 싸움의 행태가 어떠한지 쉽게 짐작할 수 있다. 분노의 감정이 싸움으로 번지고 난 뒤 적당한 선에서 멈추지 않으면 걷잡을 수 없는 상황으로 치닫는다. 그 종착점에는 크든 작든 파멸이 기다린다. 분노의 감정이 내부적으로 폭발하면 자신의 일부를 파괴하고, 외부적으로 폭발하면 타인의 일부를 파괴한다.

절제되지 않은 분노의 폭발은 단순한 싸움에 그치지 않는다. 싸움의 방식은 더 치열해지고, 규모는 커 가며 피해는 확대된다. 싸움의 가장 극단적 형태가 전쟁이다.

1914년에 터진 제1차 세계대전에서는 민간인을 제외한 사망자만 1000만 명에 이르렀다. 그 이전의 어떠한 전쟁보다도 파괴적이었다. 유럽 각국은 그 반성으로 국제연맹을 조직하여 다시는 그런 일이 벌어지지 않도록 하자고 약속했다. 제1차 세계대전을 전쟁을 끝내기 위한 전쟁이라고까지 표현했다.

그로부터 25년이 지나 더 큰 전쟁이 일어났다. 독일의 히틀러가 폴란드를 침공하면서 시작된 제2차 세계대전에는 56개국이 참가했고, 전투에 참여한 병사는 모두 1억 명이 넘었으며, 최소 5000만 명에서 최대 7000만 명의 희생자를 냈다.

싸우지 않고 이기는 법 부작용을 생각한다면

싸움은 의도한 목적을 달성하기 위한 적당한 수단이 아니다. 서로 다른 생각의 대립이 싸움의 시작이고, 자기의 생각을 관철하려는 것이 싸움의 목표다. 하지만 싸움에 이긴다고 해서 상대방으로 하여금 자발적으로 자기 생각에 동의하도록 만들지는 못한다. 힘을 사용해 억지로 그렇게 만든다 하더라도 그것은 일시적이고 형식적인 굴복일 뿐이다. 시간이 흐르면 복수가 기다리고 있기도 하다.

싸움은 부작용을 일으킨다. 인간의 본성에 반하는 분노의 표출로 자신의 내면과 타인의 가슴에 씻을 수 없는 상처를 남긴다. 싸움이 전쟁처럼 커질 경우에는 엄청난 손실을 초래한다. 그렇다면 싸움은 불필요한 것이다. 필요가 없을 뿐만 아니라, 배격해야 할 행태다. 서로 돕는 삶과 서로 싸우는 삶을 비교해 보자. 어느 삶의 형태가 더 바람

절제되지 않은 분노의 폭발은
단순한 싸움에 그치지 않는다.
싸움의 방식은 더 치열해지고,
규모는 커 가며 피해는 확대된다.
싸움의 가장 극단적 형태가 전쟁이다.

직한가는 굳이 누구에게 묻지 않아도 명확하다.

그렇다면 싸우고 싶은 충동을 일으킬 만한 상황이 발생한 경우에 어떻게 해결해야 하는가? 말 그대로 싸우지 않고 해결하면 된다. 서로 대화를 통해 갈등을 해소하는 방법이 있다. 싸우면 반드시 이긴다는 보장이 없다. 이긴다 하더라도 싸우는 과정에서 얼마나 손해를 입을지 예측하기 힘들다. 그런 면까지 고려한다면, 서로 조금씩 양보해 합의점에 이르는 편이 현명할 수 있다. 손해는 보더라도 아예 싸움을 피해 버리는 것도 하나의 방법이다.

· 싸움을 피한 원숭이 왕

싯다르타(Gautama Siddhārtha, BC 563경~BC 483경)가 세상에 태어나기 전에 있었던 이야기를 「자카타」라 한다. 그 상징적 설화 가운데 이런 것이 있다.

싯다르타는 한때 원숭이 왕국의 왕이었다. 원숭이들은 평소 망고를 즐겨 먹었는데, 왕은 망고 열매를 강물에 빠뜨리는 일이 없도록 조심하라고 일렀다. 그런데 그만 누군가 실수로 망고 한 개를 강물 속에 떨어뜨리고 말았다. 망고는 떠내려가 강 아래쪽에 살고 있던 인간들에게 발견되었다. 달고 맛있는 망고를 처음 맛본 인간들은 망고를 차지하기 위해 원숭이 나라로 쳐들어가기로 했다. 인간 나라와 원숭이 나라 사이에 전쟁이 터질 수밖에 없게 되었다. 그때 원숭이 왕은 자신의 몸을 길게 늘어뜨려 강 위에 다리를 놓았다. 모든 원숭이들로 하여금 자기 몸을 밟고 건너 피란하도록 했다.

원숭이 왕은 큰 싸움이 일어나기 직전에 원숭이들을 인간이 건널 수 없는 강 건너편으로 옮겨 가게 함으로써 싸움을 막았다. 결과적으로 평화를 유지하기는 했지만, 싸움을 막은 것이 아니라 피한 것이다. 인간들의 침입이 옳지 못한 행위였다면 당당하게 맞서 싸워야 할 텐데, 싸우지 않기 위해서 망고를 포기하고 도망가 버린 전략은 비겁해 보이기도 한다.

자카타가 가르치고 있는 뜻은 어떠한 이유에서도 남을 해치는 행위는 좋지 않은 업을 쌓는다는 근본적인 철학을 담고 있다. 여기서는 겉으로 내비치는 의미만 새겨도 좋다. 전쟁으로 인하여 초래될 파괴의 상황을 고려하면, 망고의 달콤한 이익을 포기하는 편이 낫다는 판단이다.

· **서희의 협상**

993년, 고려 성종 때 일찌감치 요로 국호를 바꾼 거란이 침입을 시도했다. 요의 장수 소손녕은 80만 대군을 이끌고 나서 빨리 항복하지 않으면 고려를 섬멸하겠다고 위협했다. 겉으로만 보아서는 무도하기

원숭이 왕은 큰 싸움이 일어나기 직전에 원숭이들을
인간이 건널 수 없는 강 건너편으로 옮겨 가게 함으로써
싸움을 막았다. 결과적으로 평화를 유지하기는 했지만,
싸움을 막은 것이 아니라 피한 것이다.

짝이 없는 행위였다. 하지만 중국 땅에서는 거란이 요를 건국한 이후 송이 나타나 긴장 관계에 있었는데, 고려는 송과 국교를 맺고 거란을 멀리했다. 그 이유는 고려를 세운 태조의 대외 정책에서 시작된 것인데, 태조 왕건은 친선을 목적으로 내려온 거란 사신 30명을 섬으로 유배를 보내고 함께 끌고 온 낙타 50마리를 굶겨 죽게 했다. 그러한 행위 역시 이유가 있었는데, 거란이 발해를 멸망시키고 고구려의 옛 땅 일부를 차지했기 때문이다. 이렇듯, 싸움의 원인은 끝없이 꼬리를 문다.

전쟁의 원인이 문제가 아니라 당장 목전에 다다른 전쟁이 문제였다. 고려 조정에서는 심각한 토론이 벌어졌다. 요는 당시 최강자였으므로 무조건 항복하자는 투항론과, 북쪽의 땅 일부를 떼어 주고 화의를 청하자는 할지론이 맞섰다. 이에 서희(徐熙, 942~998)가 나섰다.

적진으로 찾아가 소손녕을 만난 서희는 나라의 운명을 걸고 담판을 벌였다. 처음부터 예의를 갖추면서도 결코 비굴한 태도를 보이지 않았다. 적장의 자존심을 상하지 않게 하면서 조목조목 논리적으로 따져 답변했다. 고려는 고구려의 후예이며, 고려가 요와 국교를 맺지 못하는 이유는 중간에 가로막고 있는 여진 때문이라고 답했다. 소손녕의 보고를 받은 요의 왕은 고려가 화의를 원하는 모양이니 철군하라고 명령했다. 고려는 서희의 뛰어난 외교적 협상으로 전란을 막았을 뿐만 아니라, 여진을 몰아내고 북쪽의 고구려 영토 일부를 되찾을 수 있는 기회까지 얻었다.

국가의 이익이나 존망이 걸린 전쟁만이 협상의 대상이 아니다. 개인의 이해관계나 명예가 걸린 문제도 마찬가지다. 화해하거나 아예 포기함으로써 싸움으로 잃을 뻔한 가치를 지킬 수 있다.

· 레오나르도의 인내

16세기 이탈리아 피렌체의 어느 날 오후, 레오나르도 다빈치(Leonardo da Vinci, 1452~1519)가 길을 걷고 있었다. 마침 저만치 앞쪽에서 미켈란젤로 부오나로티(Michelangelo Buonarroti, 1475~1564)가 몇몇 사람들과 둘러서서 뭔가 진지하게 이야기를 나누고 있었다. 두 천재는 피렌체에 있으면서도 좀처럼 만날 기회는 없었는데, 뜻밖에 조우하게 된 것이다. 나이가 많은 선배로서 레오나르도는 미켈란젤로를 보자 반가운 마음이 일어 다가갔다. 그때 미켈란젤로는 동네 사람들과 역시 피렌체가 낳은 시인 단테의 시 한 구절의 의미를 놓고 토론하던 중이었다. 그중 한 사람이 말했다. "레오나르도가 오는군요. 그에게 물어봅시다." 의견을 묻자 레오나르도는 웃으며 이렇게 대답했다. "그야 미켈란젤로가 더 잘 알지 않겠소." 제대로 듣지 못한 미켈란젤로는 레오나르도가 자기를 놀리는 것으로 오해했다. 순간적으로 흥분한 미켈란젤로는 레오나르도를 향해 욕설을 내뱉었다. 예상하지 못한 공격에 레오나르도의 얼굴은 벌겋게 상기되었다. 잠시 생각에 잠긴 듯하던 레오나르도는, 침착한 표정으로 그 자리를 떠나며 한마디를 남겼다.

"외투가 겨울의 추위를 막아 주듯이, 인내는 모욕으로부터 우리를 보호해 준다."

· 다이슨의 '우주적 합일'

다시 다이슨 이야기로 잠시 돌아가 보자. 제2차 세계대전이 발발하기 전 다이슨은 케임브리지대학 수학과 학생이었다. 전쟁이 터질지 모른다는 위기감이 고조돼 있었기에, 다이슨은 공부할 시간이 얼마 남지 않았다는 생각으로 수학 문제 풀이에 몰두했다. 그러면서도 전쟁이 왜 일어나는지 고민에 빠지기도 했다.

어느 날 학교 게시판에 다음날 있을 축구 경기의 선수 명단이 발표됐다. 축구를 좋아하던 다이슨은 당연히 선수로 선발되어 기량을 발휘할 수 있으리라 기대하고 있었는데, 자기 이름은 빠져 있었다. 순간 크게 실망했지만, 섬광과 같은 깨달음을 얻었다. 우리가 서로 남남이 아니라 모두 한 사람이라고 생각하면 고민이나 고통이 간단히 해결된다. 내가 선수로 나가지 않더라도 다른 친구가 그 자리에서 뛴다. 내가 시합에 출전한다면 다른 한 사람이 빠져야 한다. 그러니 내가 직접 뛰지 못한다고 그렇게 실망할 이유가 없다. 축구 경기가 없어지는 것도 아니지 않은가.

다이슨은 자신의 생각을 우주적 합일이라고 불렀다. 축구 선수 선발에 떨어진 슬픔은 순식간에 세계 평화를 이룰 수 있다는 희망으로 바뀌었다. 세상의 모든 사람은 모두 하나이고, 그것이 바로 나다. 나는 너이고, 나는 처칠이며, 히틀러임과 동시에 간디다. 그 밖의 모든 사람이기도 하다. 네가 겪는 고통은 나의 고통이기도 하기 때문에 불공평은 없다. "우리가 누군가를 죽이는 것은 자기 자신을 죽이는 짓이란 사실을 이해하는 순간 전쟁은 사라진다."

실현은 불가능하겠지만, 논리적으로 맞는 말이다. 2015년 1월 7일, 프랑스 파리에서 충격적 사건이 벌어졌다. 이슬람교를 신랄하게 풍자한 만화 등을 게재한 주간지 「샤를리 에브도」 사무실에 무장 괴한이 침입해 총격을 가해 12명이 사망했다. 범행은 이슬람 수니파 무장 단체인 IS의 테러로 규정됐다.

얼마 뒤 파리에 세계 각국의 인사들이 모여 행진을 했다. 내건 슬로건은 '나는 샤를리다'였다. 모두 피해자인 샤를리의 입장이 되어 슬픔과 고통을 함께 나누는 동시에, 테러에 반대하고 표현의 자유를 지킬 것을 궐기한다는 취지였다. 그러자 며칠 지나지 않아서 '나는 샤를리가 아니다'라는 구호가 등장했다. 다른 종교를 모욕하는 자유까지 허용할 수는 없다는 주장이 담겨 있었다.

진실로 테러를 증오하고 평화를 추구한다면, '나는 샤를리다'가 아니라 '나는 IS다'라고 해야 옳지 않은가? 그것이 바로 어린 시절 다이슨이 떠올린 우주적 합일에 의한 평화의 실현이다. 그런데 이론과 현실은 다르다. 생각과 행동은 일치하지 않는다. 논리적 결과가 항상 옳은 것이 아니다.

개인들 사이든 국가들 사이든, 전쟁 상태와 평화 상태 중 어느 것이 정상 상태인가? 평화주의자들이 던지는 질문이다. 평화를 정상 상태로 본다면 싸워서는 안 된다. 싸움에는 이유가 있겠지만, 싸움으로 그 목적을 이룰 수가 없다. 총체적으로 계산하면 개인과 인류의 행복을 감소시킨다. 도대체 싸울 이유가 없다.

싸움은 없어질 수 있는가
누가 진상을 숨기려 하는가
수치심과 이디오테스
언제 분노해야 하는가
완벽한 진실이 있는가
완전한 언론의 자유가 있는가
세상의 모든 편견에 맞서서
하루 8시간 일하기까지
종착점은 같더라도
POLICE

03

피할 수 없는
싸움이
있다면

사고 실험

분노의 정당성

분노의 원칙

진실을 위한 싸움

표현의 자유

진실의 의미

노동자의 권리를 위한 싸움

차별을 없애기 위한 싸움

싸움 그 자체의 가치

싸움의 궤적이 곧 우리의 삶

"법의 목적은 평화이지만, 거기에 이르는 수단은 투쟁이다."

독일의 법학자 루돌프 폰 예링(Rudolf von Jhering, 1818~1892)의 말이다. 정확하게는 1872년 봄 오스트리아 빈에서 한 강연 내용의 핵심이라고 할 수 있는데, 2년 뒤 『권리를 위한 투쟁』이라는 제목의 작은 책으로 출간됐다.

150년 전쯤의 그 한마디는 듣는 이의 가슴을 뛰게 하지만, 조금 전까지 우리는 싸움의 무용성을 거듭 확인하지 않았던가. 그런데 멋진 구호 같은 한 문장 때문에 평화냐 전쟁이냐 하는 단순한 논쟁을 되풀이하자는 말인가!

싸움보다는 타협이나 포기가 더 낫다고 했다. 아니, 나을 수 있다는 것이었다. 나을 수 있는 이유는 나름대로 충분히 밝혔다. 주장과 근거의 제시만으로 부족하다면 증명을 해 보여야 한다. 하지만 사람의 일상이나 국가의 결정 같은 것을 실험실에 넣어 관찰할 방법은 없다. 그렇다면 물리학자들처럼 '사고(思考) 실험'이라도 해 보면 어떨까?

어떤 사람이 미켈란젤로에게 모욕을 당하고도 잘 참은 레오나르도 같이 인내심을 발휘해 싸움을 피했다. 또 어떤 사람은 서희를 본받아 상대방을 잘 설득해 싸움을 예방했다. 그 결과는 매우 만족스럽다. 한 사람의 생각이 행동으로 옮겨지고, 그 행동과 생각이 또 다른 사람에게 전염되듯 옮아 가서, 마침내 모든 인류가 다이슨의 우주적 합일 이론을 믿고 실천하게 됐다. 그렇게 된다면 이 세상에는 완전한 평화가 축복처럼 퍼질 것이다. 싸움이라고는 구경하려야 할 수 없게 될 터이다. 지구가 지질학적 운명이 다하는 순간을 맞아 빅뱅처럼 폭발하지 않는 한, 아무도 지상의 평안을 흔들지 못할 것이다. 그러한 세상을 만드는 것은 너무나 간단하다. 모든 사람이 내가 너고, 네가 나라고 여기면 된다. 문제가 있다면 오직 하나, 지구인 전부를 우주적 합일교의 신도로 개종시켜야 한다.

그것은 쉽지 않다. 쉽지 않은 게 아니라 불가능하다. 모두 행복해질 수 있는 일인데 왜 불가능한가? 이론 또는 논리로는 꿰맞추듯 가능한 이야기지만, 현실 또는 경험으로는 불가능하다. 다시 머릿속을 임시 시험관으로 빌려 사고 실험을 계속하자.

싸움 대신 타협과 포기를 일관하여 세상에서 싸움을 아예 없애 버리자는 계획을 실행하기 위해서는, 모든 사람이 규칙을 지켜야 한다. 규칙은, 갈등이 발생했을 때 서로 양보하여 화해하거나 누가 먼저 자기의 이익을 포기해야 하는 것이다. 맞선 쌍방이 서로 포기하면 문제는 순식간에 해결된다.

　이익이 충돌하는 상황에서 규칙에 따라 한 사람이 먼저 포기했을 때, 다른 사람도 이어서 자기의 주장을 포기해야 한다. 둘 다 포기하거나, 각자 주장의 중간 지점에서 타협해야 한다. 그런데 한 사람이 먼저 포기했음에도, 머뭇거리다가 또는 우연히 다른 한 사람은 포기하지 않았다고 하자. 그 결과는 어떠하겠는가? 포기하지 않은 사람은 아무런 힘도 들이지 않고 원래 욕심을 냈던 이익을 독차지한다. 그 순간 끝까지 규칙을 지키기 위하여 자기에게 그냥 굴러들어온 것이나 다름없는 이익을 포기하고 상대에게 돌려주어야 할 것인가 잠깐 망설일 수 있다. 하지만 상대방은 이미 규칙을 준수했고, 선량하기 때문에 나에게 규칙을 지키기를 독촉하거나 강요하지 않는다. 그렇다면 상대방이 포기한 이익까지 독차지해도 비난받을 까닭이 없다. 그러한 일이 한 번이라도 발생하면, 뜻밖의 이익을 맛본 사람은 다음에도 기대하게 된다. 그리고 그러한 사례가 알려지면, 편하게 이익을 노리는 사람들이 배워 선량한 규칙 준수자를 이용한다. 그러다가 나중에는 규칙을 지키는 사람과 규칙을 지키지 않는 사람으로 크게 나누어졌다가, 결국 아무도 지키지 않게 된다. 그 뒤에 따르는 것은 무질서와 혼란이다.

구체적인 예를 들어 사고 실험의 결과를 보충하자. 교통 규칙을 아주 잘 지키는 도시에서 가장 이득을 보는 사람은 누구이겠는가? 모든 운전자가 철저히 신호에 따르고 먼저 양보하면 모두가 편하다. 그런데 그런 도시에서 최고 혜택을 누릴 수 있는 사람은 바로 다른 지방에서 온, 교통 규칙을 무시하고 자기 편한 대로 운전하는 사람이다. 모두 신호에 따르고 조심하고 양보할 때, 자기 혼자 마음대로 운전하면 아무런 방해도 받지 않고 더 빨리 목적지에 도착할 수 있다. 그런 운전자에게는 다른 모든 운전자가 자기를 위한 경호원으로 여겨질 것이다. 그런 사람이 하나둘 늘어나기 시작하면, 역시 무질서와 혼란이 차가 달리는 속도보다 더 빨리 닥쳐온다.

무엇보다 현실을 보자. 생각이나 사상이 아무리 훌륭하고 당연한 것처럼 보여도, 현실의 문제를 해결하지 못하면 소용없다. 현상을 잘 설명하는 것 같아도, 현실과 다르면 옳은 것이라 할 수도 없다.

사람이 사는 세상에는 싸움이 있다. 언제 어디서나 싸운다. 끊이지를 않는다. 싸움을 경험하지 못한 사람은 태어난 지 얼마 되지 않은 아이들뿐이다. 2013년 말을 기준으로 지구 상의 국가 중 57개국이 전쟁 또는 그와 유사한 무장 갈등 상황에 놓여 있다는 통계가 있다. 그러니 사소한 개인 사이의 싸움까지 포함하면 짐작하기도 어려울 정도다. 먼지 없는 세상이 가능할지 몰라도, 싸움 없는 세상은 불

교통 규칙을 아주 잘 지키는 도시에서
가장 이득을 보는 사람은 누구이겠는가?

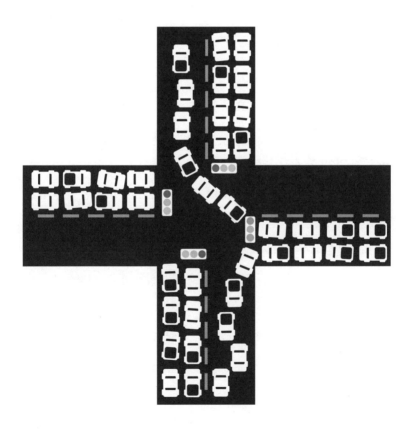

가능하다.

　싸움은 엄연한 현실의 현상이다. 이런저런 생각만으로 없앨 수 있는 것이 아니다. 그렇다면 싸움을 사라지게 해야 한다는 목표 자체가 틀린 것이다. 현실의 일부로 존재하는 싸움을 없애는 것이 불가능하다면, 싸움에 정당성을 부여해야 한다.

⚖️ 분노의 정당성 　수치심과 이디오테스

　다시 『외딴방』의 한 장면으로 돌아가 보자. 나와 외사촌 언니는 회사에서 고등학교에 보내 준다고 해서 시험을 쳐 합격했다. 잔업을 할 필요도 없이 한 시간 일찍 퇴근해 야간 고등학교에 다닐 수 있게 됐다. 하지만 회사에서는 노동조합에 가입한 사람은 안 된다고 한다. 노조원을 회사가 돈까지 대 가며 학교에 보낼 수는 없다는 것이었다. 그때 노동조합에서는 회사에 대한 항의의 표시로 잔업을 거부하기로 결정했다. 총무과 직원은 학교에 가서 공부하고 싶은 생각이 있으면 노동조합에서 탈퇴하라고 경고하듯 타일렀다. 노동조합의 결의에 따라 잔업을 거부하면 탈퇴 의사가 없는 것이었다. 잔업을 하려면 구내식당에서 저녁을 먹어야 하는데, 둘은 눈치를 보느라 굶는다. 모두 탈의실로 가 옷을 갈아입고 퇴근하는데, 두 사람은 엉거주춤하다 작업장으로 갔다. 공장은 거의 비어 있었고, 작업반장과 친한 몇 사람만 나와 있었다. A라인에는 1번인 나, 2번인 외사촌 둘뿐이어서 작업조차 불가능했다. 평소 의젓하던 외사촌이 눈물을 글썽이며 이렇게 말했다.

"이런 게 바로 수치야."

고대 그리스에서는 공적인 의무에 무관심한 채 개인적 일에만 몰두하는 사람을 이디오테스(idiotes)라고 불렀다. 한마디로 바보라는 뜻이다. 특히 페리클레스 시대에는 아테네 시민 중에서 정치에 관심이 없는 사람은 비정치가가 아니라 무용지물이라고 했다. 아무 쓸모없는, 가치 없는 시민으로 손가락질당했다.

공적인 일에 어떻게 관심을 가져야 하는가. 아리스토텔레스의 말을 빌리면, "마땅히 분노할 만한 일에 대해서 분노하는 사람"은 바보가 아니다. 하지만 분노해야 할 때 분노하지 않는 사람은 어리석은 인간이다.

앞에서 우리는 분노해서는 안 되는 이유에 관하여 살펴보았다. 화를 내는 것보다는 참는 것이 낫다는 설득에 어느 정도 수긍했다. 분노에는 가속도가 붙는다. 빙상 선수가 무서운 스피드로 직선 코스를 치닫고 나가 코너에 이른 순간을 떠올리면 된다. 분노는 스피드 스케이팅 선수가 만들어 내는 가속도와 같은 성질이 있다. 코너에서 적절히 감속하여 절제하지 않으면, 그대로 트랙 바깥으로 튕겨나가 버리고 만다. 분노를 억제하지 않으면 격렬한 폭력성, 잔인한 야만성을 드러내게 된다.

그럼에도 여전히 다른 한쪽에서는 분노할 때 분노해야 한다고 분노한다. 마땅한 때, 마땅한 방식으로, 마땅한 정도로 분노해야만 정의가 실현된다는 것이 아리스토텔레스의 주장이다. 정의의 실현은 바로 공적 이익의 실현이다.

그것만이 아니다. 아리스토텔레스는 마땅한 분노, 적합하게 발산하는 분노는 개인을 행복하게 한다고도 했다. 분노는 다름 아닌 자기 자신을 변호하고 보호하는 기능을 지니고 있다.

『외딴방』의 나와 외사촌은 공장에 다니면서 고등학교 공부까지 할 수 있게 되면 행복할 것이라고 믿었다. 따라서 공부할 수 있는 길을 따랐다. 그런데 왜 수치심을 느끼게 되었는가? 수치심을 느끼는 감정은 행복에 반하는 것일 텐데.

수치심은 자기 자신을 향해 스스로 던지는 '나는 누구인가'라는 질문, 즉 자기 정체성에 켜진 빨간 신호등이다. 나와 외사촌이 수치심을 느낀 이유는 분노할 때 분노하지 못했기 때문이다.

17세기의 네덜란드는 유럽에서 가장 자유스러운 분위기였다. 주변 국가들의 치열한 경쟁 속에서 살아남기 위한 전략으로 철저한 평화 정책을 펼쳤고, 그에 따라 모든 경향과 사조에 관대했다. 다른 나라에서 금지된 책이 네덜란드에서는 출판되기도 했다. 라이덴대학에서

03 피할 수 없는 싸움이 있다면

는 공공연하게 지동설이 논의되었고, 탄압받고 있던 갈릴레오에게 교수직을 제의하기도 했다. 자국에서 검열 등으로 사상의 자유를 억압받던 유럽과 미국의 지식인들 중 네덜란드를 안식처로 여기는 사람들이 많았다. 데카르트(René Descartes, 1596~1650)도 그러한 이유 때문에 네덜란드로 갔다. 그러다 지동설을 주장했다가 종교 재판까지 받은 갈릴레오를 보고, 자신의 후원자인 대공비에게 1643년 4월 이런 편지를 썼다.

"……비록 저의 소견이 명확하고 확실한 근거를 바탕으로 하고 있다고 주장한 바 있습니다만, 교회의 권위에 맞서서 이를 고수하고 싶은 생각은 추호도 없습니다. (……) 저는 소란을 피우고 싶지 않으며, '편히 살려면 남의 눈에 띄지 말아야 한다'는 제 좌우명대로 지금까지 조용히 살아왔습니다. 원하건대 앞으로도 조용히 살기를 바랍니다."

⚖ 분노의 원칙 언제 분노해야 하는가

어떤 사태를 맞아 분노할 것인가 말 것인가, 싸울 것인가 말 것인가는 개인의 선택에 달려 있다. 하지만 분노하고 싸워야 한다는 주장이 있다. 노동자들의 권리를 탄압하는 회사의 지시에 따라서는 안 된

생명권, 신체의 자유, 양심의 자유, 표현의 자유,
재산권 그리고 명예권, 이 가운데서
포기할 수 있는 것은 무엇인가?

다. 자신의 주장을 떳떳이 내세우며 싸우기보다 조용히 살겠다는 데 카르트의 선택도 삶의 유효한 방식 가운데 하나일 수 있지만, 그렇게 하면 안 된다는 것이다. 지구가 도느냐 태양이 도느냐가 중요한 문제가 아니다. 맞든 틀리든 자신이 믿는 내용을 마음대로 표현하지 못하게 하는 교회의 권위적이고 강압적인 태도가 잘못이다. 그러한 부당한 압력에는 저항해야 한다.

왜 참지 않고 저항해야 하는가? 오직 수치심 때문인가? 수치심은 왜 참으면 안 되는가? 레오나르도처럼 인내함으로써 오히려 모욕감으로부터 비롯하는 수치심에서 벗어날 수도 있지 않은가.

그에 대한 대답의 하나를 예링이 제시하고 있다. 권리는 단순히 자신이 타인에게 침해하지 말 것을 요구할 수 있는 무엇에 그치지 않는다. 권리는 인간이 인간으로 살아가는 데 필요한 조건이다. 생명권, 신체의 자유, 양심의 자유, 표현의 자유, 재산권 그리고 명예권, 이 가운데서 포기할 수 있는 것은 무엇인가? 인간으로서 포기할 수 있는 것은 없다. 그러한 권리는 현실에서 법으로 표현된다.

법은 지켜야 한다. 법이 제대로 지켜져야 권리가 보장된다. 타인의 권리가 보장될 때 나의 권리도 보장된다. 그런데 법은 만들어 놓는다고 저절로 지켜지는 것이 아니다. 투쟁 가운데 법을 지킬 수 있다. 가만히 있으면 불법이 활개를 친다. 교통 규칙을 잘 지키는 도시에서 제멋대로 운전하는 사람의 예를 떠올려 보면 알 수 있다.

법을 각자 솔선하여 지키면 되지 왜 싸워야 법을 지킬 수 있는가? 불법을 행하는 것은 개인이다. 그 불법을 바라보는 것은 여러 사람이다. 그렇다면 어떻게 하는 것이 불법의 발생을 줄이거나 예방하는 데 효과적이겠는가. "어떠한 불법도 행하지 마라."라는 지시보다 "어떠한 불법도 감수하지 마라."라는 명령이 그 물음에 대한 대답이다.

왜 불법을 참아서는 안 되는가. 거기에는 두 가지 이유가 있다. 하나는 자기 자신에 대한 의무이기 때문이고, 다른 하나는 자신이 속한 공동체에 대한 의무이기 때문이다.

누가 나의 권리를 침해할 때, 침해당하는 권리가 무엇인지 생각해 보자. 앞에서 본 바와 같이 생명의 권리일 수도 있고, 신체의 자유, 양심과 표현의 자유일 수도 있으며, 재산의 권리일 수도 있다. 명예권과 재산권은 성질이 확연히 다르게 느껴진다. 생명권이나 신체의 권리도 마찬가지다. 그렇지만 침해당하는 입장에서 자신의 권리에 대하여 곰곰이 생각해 보면, 그 근원에는 동일한 것이 놓여 있다는 사실을 깨닫게 된다. 개인의 권리를 침해할 때, 순수하게 경제적 이익만 침해하는 행위는 없다. 어떤 경우에도 권리를 침해하는 자는 침해당하는 자에 대해서 무시하는 태도를 보인다. 상대방의 권리를 무시하는 행위는 곧 상대방의 인격을 무시하는 것과 같다.

인격을 무시당하고도 가만히 있는 것은 수치심을 모르는 태도다. 수치를 당하면 분노함으로써 그 상황에서 빠져나올 수 있다. 분노가 수치를 거부하는 감정의 표현이기 때문이다. 수치를 당하고도 저항을 회피하는 것은 도덕적 자살이다. 인간에게는 자신의 인격을 스스로 지켜야 할 의무가 있고, 그 의무를 소신에 따라 다하며 주체적인 삶을 살아가는 기준이 도덕이다.

그것이 원칙이다. 그러한 태도를 원칙으로 삼는다는 것은, 양보의 미덕을 예외로 한다는 말이다. 충분히 저항할 수 있는 상황에서, 특별한 사정에 따라 참는 것이 양보다. 따라서 부당한 행위에 대하여 참아 넘기지 않고 분노하는 것은 자기 자신에 대한 의무이며 원칙이다.

자신의 권리를 포기하는 행위의 효과는 자기 자신에게만 국한되는 것이 아니다. 자신이 속한 공동체에도 영향을 미친다. 자신의 권리를 침해한 행위를 응징하지 않고 그대로 방치하는 태도는 권리를 침해한 사람의 불법을 용인하는 결과가 된다. 한 번의 불법한 행위가 통하게 되면 그 행위자는 다른 기회에 또 불법을 저지르려고 시도할 것이다. 그러한 행위자의 악의는 내가 나의 권리 침해를 무력하게 내버려둠으로써 조장한 것이고, 행위자는 그 악의를 버리지 않고 다른 사람에게도 사용하려고 시도한다. 그렇게 되면 불법한 행위가 공동체 내에서 사라지지 않고 떠돌게 된다. 아니, 점점 늘어날 가능성이 높다.

자신의 소신으로 형성되는 내면의 원칙을 도덕이라고 한다면, 공동체 내에서 지켜야 할 자신의 역할에 따른 원칙은 윤리라고 부를 수 있다. 자신의 도덕에 기초한 행위는 사회 공동체의 윤리 형성에 기여한다. 그리하여 내가 지킨 권리 하나가 다른 모든 사람의 권리로 존중된다. 내가 지킨 원칙 하나가 사회의 보편적 권리가 되는 데 원동력이 될 수 있다는 말이다.

버락 오바마가 미국 대통령이 되기 전인 2004년 7월, 민주당 전당대회에서 연설을 하게 됐다. 당시 무명이었던 오바마는 이런 연설로 미국 국민을 감동시켰다.

"만일 시카고 남부에 글을 읽지 못하는 소년이 있다면, 그 아이가 제 아이가 아닐지라도 그 사실은 제게 중요합니다. 만약 어딘가에 월세를 내야 하기 때문에 병원비가 없어 치료를 포기해야 하는 노인이 있다면, 그 사람이 우리 할머니가 아닐지라도 저의 삶마저 가난하게 됩니다. 만일 어떤 아랍계 미국인이 정당한 법적 절차 없이 체포당했다면, 그것은 제 시민권에 대한 침해입니다."

나의 권리는 곧 타인의 권리이며, 우리의 권리는 사회의 보편적 가치가 된다. 나는 곧 나와 나의 환경이기 때문이다.

⚖ **진실을 위한 싸움** 누가 진상을 숨기려 하는가

진실은 싸움을 통해서만 얻을 수 있다고 믿는 사람들이 있다. 진실

"만일 어떤 아랍계 미국인이 정당한 법적 절차 없이
체포당했다면, 그것은 제 시민권에 대한 침해입니다."

을 진리와 종종 혼동하는데, 진실은 실제로 벌어진 일, 거짓이 포함되지 않은 실제로 있었던 사실을 가리킨다. 진실 또는 객관적 진실이란 무엇이냐, 그러한 것이 존재하기는 하는가, 하는 논란도 있지만, 여기서는 일상의 의미에서 진실을 염두에 두고 생각하기로 한다.

왜 싸우지 않고서는 진실을 알 수 없다는 말인가? 항상 그렇지는 않겠지만, 사람들은 경험에 비춰 그렇게 말한다. 과거의 역사에서도 많은 사례를 찾아볼 수 있고, 살아가면서 자주 겪는 일이기도 하다. 진실 또는 정확한 사실을 확인하기 위해서 싸움을 불사해야 하는 경우가 생기는 이유는 진상을 숨기려는 자가 있기 때문이다.

'사실'은 어떠한 문제의 해결을 위한 기본 전제다. 사실을 제대로 알아야 그다음의 단계로 나아갈 수 있다. 그때 필요한 정확한 사실, 숨김이 없는 사실, 조작되지 않은 사실을 흔히 진실 또는 사건의 진상이라 부른다. 진실을 숨기려는 시도는 자신의 책임을 회피하려 할 때나 부당하게 자기의 이익을 추구하려 할 때 감행한다.

마땅히 자신이 져야 할 책임을 피하려거나 정당하지 않은 방법으로 이익을 얻으려는 의도는 그 자체로 옳지 않다. 그런 옳지 않은 일을 목적으로 진실을 은폐하는 행위도 옳지 못하다. 진실의 왜곡이나 은폐는 옳지 않은 목적을 향한 수단으로 사용되므로, 더욱 옳지 못하다.

• 다나카 사건

다나카 가쿠에이(たなか かくえい, 1918~1993)는 일본의 수상이었다. 겨우 초등학교만 졸업하고 정계에 진출하여 한때 일본 최대의 정당이었던 자민당을 이끌다 정상에 이르게 된 그는 서민 수상이라는 이미지로 전 국민의 관심을 모으기도 했다. 일부 언론이 일본 역사상 가장 영향력 있는 정치인으로 꼽기도 했던 다나카는 1972년 7월에 수상이 되어 2년 5개월 정도 재임하다 그만두었는데, 그의 마지막도 파란만장했다. 간략한 인명사전을 찾아보면 이렇게 되어 있다.

"참의원 선거 참패와 금력 선거에 불만을 품은 국민과 당내 비판에 쫓겨 1974년 12월 9일 수상직에서 물러났다."

국민과 자민당의 영웅처럼 각광받던 수상이 어떻게 하루아침에 비난의 대상이 되다 못해 사임하게 되었을까? 거기에는 경력이 그다지 많지도 않고 널리 알려지지도 않은 한 기자의 집요한 취재와 기사가 있었다. 기자의 이름은 다치바나 다카시(たちばな たかし, 1940~)였다.

집권한 뒤 시간이 지나면서 다나카와 자민당의 인기는 점점 하락했다. 물가가 뛰고 국민의 경제 사정이 계속 나빠졌기 때문이다. 그런 좋지 않은 분위기에서 1974년 7월의 참의원 선거를 치러야 했다. 다나카는 총력을 기울였다. 헬리콥터를 타고 전국을 돌며 지지를 호소했고, 돈도 많이 썼다. 그러나 결과는 참패였다. 수상으로서 책임을

져야 함에도 다른 장관들이 물러나고 다나카는 그대로 남았다.

다나카가 막대한 돈을 써서 정권을 유지한다는 소문이 돌았다. 당내에서도 소속 의원들에게 일인당 몇 천만 원에서 몇 억 원에 이르는 돈을 뿌렸다는 이야기도 있었다. 월간 잡지 〈분게이순주〉에서는 다른 언론이 관심을 갖지 않거나 알지 못하는 부분을 파헤쳐 보기로 하고, 그 일을 다치바나에게 맡겼다.

다치바나는 치밀한 계획을 세워 취재를 시작했다. 방대한 조사와 사료 수집은 혼자 감당할 수 없는 일이어서 회사에서도 직극 지원했는데, 나중에는 20명의 기자가 협력했다. 다나카에 관련된 자료는 물론 그와 조금이라도 연관되는 사람의 정보까지 모조리 수집하고 분석했다. 그리하여 〈분게이순주〉 1974년 11월호에 「다나카 가쿠에이 연구 - 금맥과 인맥」이란 긴 기사를 발표했다.

기사를 읽은 국민은 분노했다. 다나카가 돌린 돈봉투의 힘에 눌려 참고 있던 자민당 의원들도 흔들리기 시작했다. 변명과 회피로 일관하던 다나카는 어쩔 수 없이 연말에 수상직에서 물러났다.

싸움은 그것으로 끝나지 않았다. 다치바나는 다나카가 막대한 재산을 어떻게 모았는지 추적했다. 수상에서는 물러났지만 여전히 막후에서 정치적 영향력을 행사하던 다나카는 다치바나의 취재를 방해했다. 정치적 압력을 받은 〈분게이순주〉는 다치바나의 다나카에 관한 기사를 더 싣지 못하겠다고 태도를 바꿨다.

그러다 1976년 초 미국에서 '록히드 사건'이 터졌다. 록히드에서 제조한 항공기를 일본 항공사에 팔기 위하여 영향력을 행사해 달라는 조건으로 일본의 고위 관료들에게 거액의 뇌물을 제공했다는 혐의가 드러났다. 다치바나는 직감적으로 그 중심에 다나카가 있다고 확신했다. 다나카는 부인했다. 조사하면 진상이 밝혀질 것이라고 오히려 큰소리를 쳤다. 다치바나는 부패한 정치인 다나카가 다시 정계에 복귀하는 일이 일어나서는 안 된다는 일념으로 취재하여 여러 지면에 투고했다. 다치바나의 공격에 다른 언론사의 기자들도 가세했고, 그해 다나카는 구속되고 말았다.

그것으로도 싸움은 종결되지 않았다. 1977년 1월 도쿄 지방 법원에서 재판이 시작되자 다치바나는 철저히 준비해서 공판을 지켜보며 분석하고 비판했다. 변호인들의 주장을 조목조목 반박하여 국민들의 기억에서 다나카의 범행이 지워지는 일을 막았다. 다치바나의 '록히드 사건' 재판 방청기는 판결 선고가 있었던 1983년 10월 12일까지 모두 68회에 걸쳐 〈아사히저널〉에 실렸다. 그 결과 다나카는 징역 4년에 60억 원 가량의 추징금을 선고받았다.

• 워터게이트 사건

〈분게이슌주〉가 애당초 다나카 사건을 파헤치려고 마음먹었던 것은 미국의 워터게이트 사건의 영향을 받았기 때문이다.

1968년 미국 제37대 대통령으로 당선된 리처드 닉슨의 임기가 다 되어 가자, 공화당에서는 1972년의 선거에서 재선을 해야겠다는 욕심에 온갖 방법을 동원하였다. 1972년 6월, 선거 운동 기간 중에 배관공으로 위장한 비밀 공작반이 워싱턴의 워터게이트 빌딩 안에 있던 민주당 본부에 침입했다. 그들의 목적은 도청 장치를 설치하는 것이었는데, 우연히 발각돼 체포당하자 절도를 하려 했다고 거짓말을 했다.

며칠 뒤, 〈워싱턴포스트〉의 데스크에서는 입사한 지 9개월 된 밥 우드워드와 18개월 된 칼 번스타인에게 절도범 5명에 대한 취재를 지시했다. 두 명의 초년병 기자는 특종이라도 건질지 모른다는 기대감에 면밀하게 조사했다. 다른 신문사에서는 관심도 갖지 않을 때 몇 가지 이상한 점을 발견하고는 끈질기게 추적했다. 그때 범인들은 절도범이 아니라는 제보가 들어왔고, 제보자를 철저히 보호하는 가운데 사건의 진상을 파헤치는 노력이 본격적으로 시작됐다. 두 기자는 항상 함께 붙어 다녀 '우드스타인'이란 별칭으로 불리며 범인들이 민주당 선거 본부에 도청 장치를 설치하려 했다는 사실을 밝혔고, 그 기사는 신문 1면을 장식했다. 그러자 백악관에서는 노골적으로 〈워싱턴포스트〉의 취재를 방해했다. 닉슨은 백악관과 아무 관련이 없는 사건이라고 부인했다. 그러다 11월의 선거에서 닉슨이 다시 대통령으로 당선이 되는 바람에, 그나마 관심을 갖기 시작했던 다른 언론들이 일제히 고개를 돌리고 말았다.

바로 그다음 달부터 우드스타인의 반격이 개시됐다. 과감하게도, 재선된 대통령을 상대로 숨겨진 사실을 들추어내는 작업이 시작됐다. 닉슨은 처음부터 도청 계획을 알았고, 발각된 뒤 무마 공작을 지시까지 한 정황이 드러나기 시작했다. 또 다른 제보에 의해 백악관의 전화 통화 내용은 모두 녹음이 된다는 사실이 알려졌다. 상원의 특별조사위원회에서 테이프 제출을 요구했다. 거부하던 닉슨은 녹음 내용을 담은 일종의 녹취서를 보냈다. 그런데 거기에는 약 20분가량의 대화가 삭제돼 있었다. 추궁을 당하자 닉슨은 비서의 실수였다고 얼버무렸다. 닉슨은 청문회에 대비해 법률 고문을 경질하고 특별검사 임명권을 가진 법무부 장관으로 엘리엇 리처드슨을 앉혔다. 특별 검사 아치볼드 콕스도 백악관의 녹음테이프 제출을 요구했다. 그러자 닉슨은 법무부 장관에게 콕스를 해임하라고 지시했다. 리처드슨은 대통령의 지시가 부당하다고 판단해 거부하고 자신이 사임해 버렸다. 그러자 법무부 차관에게 동일한 지시를 했는데, 차관 역시 사표를 던졌다. 다음 순서는 차관보였고, 그는 닉슨의 명령에 따라 콕스를 해임했다. 닉슨은 기자회견에서 이렇게 말했다. "나는 부정직한 사람이 아닙니다." 하지만 법원은 테이프를 제출하라고 요구했고, 탄핵 위기에 몰린 닉슨은 사임했다. 그로써 미국 역사상 임기 도중 그만둔 첫 대

닉슨은 미국 역사상 임기 도중 그만둔
첫 대통령이 됐다. 권력을 두려워하지 않은 제보자,
부당한 지시를 거부한 공직자, 소신 있는 판사들이
역할을 충실히 했기 때문이다.

통령이 됐다. 물론 그러한 일을 두 기자가 모두 해낸 것은 아니다. 권력을 두려워하지 않은 제보자, 부당한 지시를 거부한 공직자, 소신 있는 판사들이 제가끔 역할을 충실히 했기 때문이다. 두 기자는 그 사실을 널리 알려 여론을 형성하는 데 기여했고, 그 역시 신문사 편집국장의 결단이 있어 가능했다.

• 베트남 전쟁

두 의견이 충돌한 구체적 사례를 미국에서 찾아보자. 1964년 8월 2일, 미국 구축함 배럭스 호가 통킹 만에서 작전을 수행하고 있는데 북베트남 어뢰정 3척이 먼저 공격을 감행해 전투가 벌어졌다. 그것을 '통킹 만 사건'이라 하는데, 미국은 그 사건을 계기로 베트남 전쟁에 본격 개입을 선언했다. 1960년에 시작된 전쟁은 끔찍하게도 1975년까지 계속됐다.

베트남 전쟁은 미국과 북베트남의 전쟁이 되었고, 미국 내에서는 전쟁 자체를 놓고 찬반의 싸움이 일어났으며, 그 논쟁은 유럽을 비롯한 국제 사회로 번졌다. 한국은 미국의 요청에 따라 파병했다.

1971년 봄, 대니얼 엘스버그라는 사람이 자신이 관여해 작성한 미국 국방부의 기밀문서를 〈뉴욕타임스〉 워싱턴 지국장에게 전했다. 문서에는 '통킹 만 사건'은 미국이 조작했으며, 미국은 이미 그 이전부터 베트남 전쟁에 깊숙이 개입하고 있었다는 충격적 사실이 담겨 있었다. 엄청난 폭발력을 지닌 그 시한폭탄을, 건물 모양을 지칭하는 국방부의 별칭을 따서 '펜타곤 문서'라 불렀다.

〈뉴욕타임스〉는 심각한 고민에 빠졌다. 훔쳐 온 폭탄을 터뜨릴 것이냐 말 것이냐 쉽게 결정할 수 없었다. 역사적 진실과 국가의 안보라는 두 가치가 팽팽하게 맞서 자칫하다가는 한쪽이 크게 훼손될 터였다. 호텔에 큰 방을 빌려 문서의 내용을 검토하고 전쟁에 관련된 역사적 배경까지 분석했다. 3개월 동안 무두 75명이 동원된 방대한 작업이었다.

6월 13일 일요일, 적당한 크기로 첫 기사를 내보냈다. 별다른 반응이 없었다. 다음날 후속 보도가 이어졌다. 미국 정부는 긴급회의를 소집했다. 세 번째 기사를 인쇄하는 동안 법무부와 국방부가 직접 압력을 행사했다. 신문사 내부에서 다시 격렬한 토론이 벌어졌다. 일급비밀에 속하는 내용을 보도하기로 결정한 것은 역사를 바꾼 행위였다. 편집국장은 이렇게 말했다.

"그 기사들에는 진정한 애국심과 국익의 의미, 직업과 인생의 의미와 목적, 언론 자유의 의미와 의무 그리고 책임, 언론의 특징과 역사, 미래에 대한 두려움이 들어 있다."

소동은 나흘째 갑자기 멈추었다. 정부는 법원에 소송을 제기했고, 뉴욕 연방지법은 일단 보도를 중지하라는 결정을 했다. 〈뉴욕타임스)는 강력하게 반발했으나 소용없었다. 제보자 엘스버그는 더 많은 문서를 〈워싱턴포스트〉에 넘겼다. 정부는 기민하게 대응했고, 법원은 〈워싱턴포스트〉에도 보도 금지 명령을 내렸다.

사건은 빠른 속도로 종착역인 연방 대법원으로 갔다. 9명의 대법원 판사 사이에서 신경전이 벌어졌다. 표현의 자유를 신봉하는 자들과 국가의 안보를 위해 권리를 제한해야 한다는 자들은 서로 5표를 확보하려고 싸웠다. 별장에 가 있던 윌리엄 더글러스는 전화를 통해 표현의 자유를 신봉하는 휴고 블랙의 의견에 동의한다고 했다. 존 할란은 함부로 국방부 문서를 공개하는 작태에 분개했다. 결과는 6대 3이었다. 검은 이름을 가진 백인 판사 블랙은 언론의 손을 들어 준 다수 의견을 대표해 판결문을 작성함으로써 자신의 표현의 자유를 만끽했다.

"자유 언론 최대의 책무는 정부 어느 부처라도, 국민을 속여 먼 나라로 보내 적국의 열기와 총과 칼에 죽게 하는 일을 못 하도록 막는 것이다. 〈뉴욕타임스〉와 〈워싱턴포스트〉 그리고 기타 신문들이 그런 용기 있는 보도를 한 행위는 비난받기는커녕 오히려 헌법의 아버지들이 분명히 인식했던 이상에 충실했다는 칭찬을 받아 마땅하다. 베트남 전쟁으로 귀결된 정부의 비사를 폭로하면서, 그 신문들은 바로 헌법의 아버지들이 믿고 바라던 그 뜻을 훌륭히 수행한 것이다."

⚖ 표현의 자유 완전한 언론의 자유가 있는가

그래서 언론의 자유가 필요하다. 거리낌 없이 표현할 수 있어야 허위의 가면을 벗겨 낼 수 있다. 하지만 인간 사회에 언론의 자유가 어느 정도 보장되기까지는 역시 무수한 싸움이 필요했다. 언론의 자유가 있어야 펜을 무기로 거짓과 싸울 수 있는데, 언론의 자유 자체도 싸움 없이는 얻을 수 없다. 불행히도 아직까지 완벽한 언론의 자유가 보장된 나라는 지구 상에 존재하지 않으며, 그렇기 때문에 여전히 그 싸움은 계속되고 있다. 아니면 완전한 언론의 자유란 것이 애당초 불가능한 것이기 때문에 싸움이 그치지 않을 수도 있다.

언론의 자유는 표현의 자유의 일부이다. 활자를 이용한 인쇄술이 발전하면서 책과 신문을 통한 표현이 활발해졌다. 하지만 아무나 책을 쓸 수도 펴낼 수도 없었다. 정부의 규제도 있었다. 정부 허가 없이는 책을 발간하지 못했다. 정부나 권력자를 비판하는 행위는 범죄였다. 모두가 글이 총알보다 더 고통을 가한다는 사실을 알고 있었기 때문이다.

1638년 봄, 런던의 거리를 지나가는 수레 주변으로 사람들이 몰려들었다. 수레 뒤에는 밧줄에 묶인 한 사나이가 끌려가며 호된 매질을 당했다. 그 젊은이의 이름은 존 릴번이었다.

릴번은 당시 영국의 법을 어기고 허가를 받지 않은 책을 만들어 배

포했는데, 그 책은 국왕 찰스 1세를 비난하는 내용을 담고 있었다. 릴 번은 온갖 고문에도 선서를 거부하며 조사에 제대로 응하지 않았다. 굶주린 데다 몸까지 상하여 죽음 직전까지 갔으나, 자신이 겪은 고통스런 상황을 말로 전하고 글로 남겨 감옥 안에서의 경험을 『야수의 업적』이란 책으로 만들어 팔았다. 사람들은 그를 '자유인 존'이라 불렀다.

출판법을 어겨 가면서 저항하는 사람들이 점점 늘어 가자 서적 허가제는 허물어지기 시작했다. 그러다 인쇄 비용이 내려가고 출판물 값이 싸지면서 정부는 출판을 통제하기가 더 어려워졌다. 그러한 추세에 힘입어 신문의 전신이라 할 수 있는 '뉴스북'이 나왔다. 국왕은 새 명령을 내렸다.

"지금부터 누구도 뉴스나 역사에 관한 문제에 대하여, 그리고 국가와 관련된 문제에 대하여 산문이나 시로 인쇄하거나 출판할 수 없다."

다시 뉴스 전쟁이 시작됐다. 저항이 커질수록 왕권은 약화되었고, 그럴수록 저항은 더 거세졌다.

1642년, 34세의 존 밀턴(John Milton, 1608~1674)은 옥스퍼드셔 지방 대지주의 딸과 결혼했으나 몇 주일 만에 파경에 이르고 말았다. 어린 아내를 돌려보낸 뒤 밀턴은 이혼을 옹호하는 책을 썼다. 그리고 이 시리즈로 두 권을 더 냈다. 이혼을 반대하는 사람들에게 밀턴은 방탕한 인간으로 비쳤다. 청교도 지도자 윌리엄 프라인은 교회 설교에서 그를 맹렬히 비난했고, 의회에서도 분노의 목소리가 터져 나왔다. 즉시 "어떠한 책이나 팸플릿, 그리고 신문도 당국의 사전 승인 없이는 발행할 수 없다"는 법이 공포됐다.

출판 금지에 관한 새 법이 계기가 되어 밀턴은 출판의 자유를 주창하는 최고의 역작 『아레오파지티카』를 썼다. 제목은 고대 그리스 도시국가의 중심 아크로폴리스 서쪽 언덕을 지칭하는 '아레오파고스'에서 따왔는데, 시민들이 모여 자신의 의견을 자유롭게 말하는 장소였다. 책의 마지막 부분은 이렇다.

"알고, 지껄이고, 양심에 따라 자유롭게 논쟁할 자유를 나에게 달라."

런던에서 〈타임스〉의 편집장을 지낸 존 다데우스 딜레인은 그 정신을 계승했다.

"언론은 폭로로 산다. 그것이 담고 있는 것이 무엇이 되든지 간에, 언론은 우리 시대의 지식과 역사의 일부분이 된다. (……) 우리는 결과에 대한 두려움 없이 우리가 진실을 발견한 것처럼 그것을 말해야만 하고, 부정과 압제의 행위에 피난처를 제공해 주어서는 안 되며, 그것들을 즉시 세상의 판단에 넘겨야 한다."

이 정도 되면 언론의 자유는 당연히 보장되어야만 하는 것으로 보인다. 그럼에도 표현의 자유를 제한하려는 움직임은 어째서 사라지

"언론은 폭로로 산다.
그것이 담고 있는 것이 무엇이 되든지 간에,
언론은 우리 시대의 지식과 역사의 일부분이 된다."

지 않는가?

영국의 법학자 윌리엄 블랙스턴 경은 1767년에 쓴 『영국 법률에 관한 견해』에서 이렇게 주장했다.

"모든 자유인은 의심의 여지없이 자신의 감정을 여러 사람에게 발표할 수 있는 권리를 갖는다. 이를 금지하는 것은 출판의 자유를 파괴한다. 그러나 부적절하고 해롭거나 불법한 내용을 발행한다면, 그는 자신의 무모함에 대한 결과를 감수해야만 한다."

앞에서 완전한 언론의 자유는 어디에도 없다고 한 것은 이러한 사정 때문이다. 표현의 자유를 제한하고 엄격히 규제해야 한다고 확신하는 사람들조차도 완전한 표현의 자유를 보장한다고 주장한다. 하고 싶은 대로 표현하고, 그에 대한 책임을 지면 된다는 것이다. 처벌을 한다고 표현의 자유를 보장하지 않는 것은 아니라는 논리다.

그 견해는 바다를 건너, 미국 독립선언문 서명자인 프랜시스 홉킨스가 이런 말을 하는 근거가 되었다.

"언론의 자유는 사람들의 중요한 특권으로 정당하게 지켜져 왔다. 그러나 이 특권이 명백하게 남용될 경우, 즉 언론이 위험한 불화의 씨를 뿌리고 거짓 정보를 퍼뜨리는 동력이 되어 정부의 존재 기반이 흔들린다면, 평화를 깨뜨리는 당돌한 위반자를 정부의 권한으로 침묵케 하고, 정부를 죽음으로 몰고 갈지도 모르는 뱀을 가슴에서 떼어내는 자기 보호의 평범한 원칙을 택하면 안 될 이유가 있는가?"

⚖ 진실의 의미 완벽한 진실이 있는가

진실을 알리려면 왜 싸워야 하는지 몇 가지 사례가 그 이유를 잘 보여 준다. 그러한 예를 계속 들자면 끝이 없다. 이해관계가 다른 두 주체 사이에 중요한 문제가 생기면, 한쪽에서는 밝히려 하고 다른 쪽에서는 숨기려 하는 데서 싸움이 시작된다. 결국 누가 이기느냐에 따라 진정한 사실이 밝혀지기도 하고, 영원히 사라지기도 한다.

사실을 밝히는 것은 당연하다고 여겨진다. 하지만 그렇게 함으로써 어떤 사람의 명예를 훼손할 수도, 국가나 공동체의 이익을 해칠 수도 있다. 밝히려는 사실이 진실이 아닌 허위일 수도 있다. 그러한 때에는 사실을 밝힘으로써 오히려 진실을 왜곡하고 숨겨 버리는 결과를 초래한다. 안 밝히는 것만 못하다. 밝힐 때와 밝히지 않을 때의 이익을 비교할 필요가 있다. 그 이익의 크기는 언제나 싸움의 대상이다.

그래도 어떠한 의견이든 다양하게 펼칠 수 있도록 하는 데서 표현의 자유가 지닌 진정한 가치를 발견할 수 있다는 주장이 있다. 설사 허위의 사실이 함께 떠돌아다니더라도, 그 사실들의 경쟁 속에서 진실은 살아남는다는 믿음 때문이다. 물론 그러한 선의의 믿음은 곧잘 허위 사실을 무기로 삼는 선동가에 의해 희생되기도 한다. 그렇기 때문에 진실을 위한 싸움의 결과에 승패는 있어도, 그것이 진실 발견의 과녁에 명중했는지 빗나갔는지 분명한 확인이 불가능할 때가 있다.

싸움은 역시 사격보다는 재판에 더 가깝다.

그런 면에서『자유론』을 쓴 존 스튜어트 밀(John Stuart Mill, 1806~1873)의 견해는 경청할 만하다. 다양한 의견은 우리 공동체에 이롭다는 것이 그의 소신이었다. 여러 개의 의견 중 어떤 것은 틀리더라도 또 어떤 것은 맞기 때문이 아니다. 맞는 것과 틀린 것이 서로 부딪혀 새로운 진실이나 진리가 나타나는 것도 아니다. 제시되는 여러 의견들 각각을 진실 아니면 거짓으로 명확히 분류할 수 없다. 오히려 상반된 두 의견 사이에 진실이 놓여 있다. 진실이란 서로 싸우는 다른 의견들이 공유하고 있다는 것이다. 완벽한 진실은 가끔 나타나거나, 아예 없다.

우리가 말하는 진실은 일상생활에서 서로 필요로 하고 공유하는 가치를 말한다. 절대불변의 객관적 진리를 고집하는 것이 아니다. 그러한 진리는 존재하는지조차 불분명하다. 인간 생활에 필요한 조건으로서의 진실은 구별이 뚜렷한 단위로 존재하지 않는다. 비유하자면, 점이 아니라 연속적으로 흐르는, 점들을 관통하는 선의 형태로 존재한다. 그러나 사회에서 주장이나 의견은 점의 형태로 소통된다. 점이 모여 선을 이루지만, 바로 이웃한 두 개의 점 사이에도 항상 다른 점이 있을 수밖에 없다. 그런 가능성을 모두 지나가며 연결하는 것이 인간의 진실이다.

사람은 일상의 조건인 진실을 포기할 수 없고, 따라서 언제나 싸울 수밖에 없다. 그렇다면 싸워야 할 때 싸워야 한다.

⚖️ 노동자의 권리를 위한 싸움 하루 8시간 일하기까지

왜 싸우느냐고 묻기 이전에, 싸워서 이룬 결과들이 이미 우리 앞에 놓여 있다. 강탈당했던 주권과 국토, 권력의 억압 아래 있던 신체의 자유, 인간답게 살 권리, 부당한 차별의 극복, 꿈과 현실을 이어 주는 통로가 싸움이라는 과정이었음을 새삼 깨닫는다.

노예 제도가 사라진 뒤, 노동자들의 생활은 인간다워졌을까. 노동자는 유일한 재산이 몸뚱어리며, 육체를 움직여 물건을 생산하고, 그 대가로 임금을 받는다. 그러나 노동자들의 생활은 여전히 노예나 다름없이 고달팠다. 영국에서 산업 혁명이 시작되고 세상은 물건을 대량 생산하는 데 정신이 없었다. 공장의 기계는 쉴 새 없이 돌아갔고, 그 기계를 움직이는 존재는 다름 아닌 노동자들이었다.

혹사당한 노동자들의 등뼈와 다리는 점점 휘었고 장시간 일에 시달린 여성 노동자들은 유산하기 일쑤였다. 당시 노동자들은 대체로 25세면 힘이 빠져 더 일할 수 없는 지경이 됐고, 40세만 되어도 노인 취급을 받았다. 쉴 틈 없이 일만 하다 보니 주의력이 떨어져 졸다가 온갖 사고를 당했다. 공장을 돌리는 자본가는 생산에만 열을 올렸고,

이익을 내고, 다시 자본을 축적하는 데 정신이 팔렸다. 노동자가 쓰러지면 다른 노동자를 데려다 쓰면 그만이었다.

당시의 모습은 런던을 무대로 쓴 찰스 디킨스(Charles Dickens, 1812~1870)의 소설에서도 쉽게 찾아볼 수 있다. 『어려운 시절』에서 노동자 스티븐 폴은 사장을 찾아가 이렇게 말한다.

"태어나서 죽을 때까지 일평생 같은 일만 하면서 그럭저럭 생계를 꾸려 나가는 수많은 노동자들을 한번 보세요. 우리가 어떻게 살아가는지, 어떤 집에서 지내는지, 얼마나 많은 사람이 얼마나 똑같이 살아가는지 보세요. 공장이 매일 어떻게 굴러가는지, 우리가 죽음에 이를 때까지 공장이 우리를 얼마나 혹사시키는지 살펴보세요."

정시에 출근하고 퇴근하면서, 주말의 이틀은 쉬고, 휴가를 즐길 계획을 새해의 눈이 녹기 전에 세우며, 어쩌다 밤늦게 일하면 수당을 받아 챙기는 일이 당연하게 보이는가? 열서너 살의 소년 소녀들이 하루 14시간 공장에서 일하고, 한두 끼 겨우 때우며 굶주린 배를 움켜쥐고, 단칸방의 집에서 열 명의 식구들 사이에 끼어 잠드는 일은 상상하기 힘들 것이다. 산업화와 공업화를 거친 국가의 노동자들은 그런 삶을 거쳤다.

사람이 먹고사는 경제생활은 생산을 기초로 이루어진다. 생산은

"태어나서 죽을 때까지 일평생 같은 일만 하면서
그럭저럭 생계를 꾸려 나가는 수많은 노동자들을
한번 보세요. 우리가 어떻게 살아가는지,
어떤 집에서 지내는지, 얼마나 많은 사람이
얼마나 똑같이 살아가는지 보세요."

노동의 결과다. 노동력에 의한 생산이 없으면 고대 국가의 민주주의도, 중세 봉건 국가의 성 안팎의 생활도 불가능했을 것이다. 노동은 반드시 필요함에도, 사람들은 가능한 한 노동을 기피했다. 그래서 가진 자와 지도자들은 노동이 더러운 것이 아니라는 인식을 심어 줄 필요가 있었다. 노력의 결과, 변화는 있었으나 인간의 이중성은 어쩔 수 없었다. 노동은 신성시하면서, 노동자는 천대했다.

생산 수단은 노동력만이 아니다. 땅이나 자본이 결합해야 한다. 그런데 어느 때부터 노동력과 생산 수단이 분리되기 시작했다. 자본가가 생산 수단을 독점하고 노동자의 노동력을 임금이란 형태의 돈으로 샀다. 자본가의 꿈은 오직 한 가지, 이윤을 최대화하는 것이다. 자본을 적게 들이고 이익은 최대로 하는 방법이다. 그러다 보니 노동은 자본가가 구매하는 상품이 됐다. 상품의 값을 내리기 위해 노동을 제공하는 노동자들끼리 경쟁을 시켰다. 말 잘 듣고 일 잘하는 노동자를 선택하고 그렇지 않은 노동자는 외면했다. 노동자를 차별할수록 자본가의 입장에서는 더 유리했다.

마음 편하게 일할 권리와 마음대로 해고할 권리가 맞붙게 됐다. 기계처럼 일하던 어린 노동자나 『외딴방』의 나와 외사촌을 다시 떠올려 보자. 해고당하지 않으려면 지시에 무조건 따를 수밖에 없다. 수치심을 무릅써야 한다. 수치도, 부당한 해고도 당하지 않으려면 어떻게 해야 하는가? 노동조합을 결성해 단체의 힘으로 싸워야 한다. 결과를 예측할 수 없더라도.

지금 노동자들이 하루 8시간 일하는 것을 원칙으로 만드는 데에도 엄청난 싸움이 필요했다. 1811년, 영국의 넷 러드라는 사람이 중심이 되어 기계를 파괴하는 운동이 시작됐다. 스스로 큰 공장의 부속품 같은 신세라고 느끼면서 분노한 노동자들이 자신을 노예로 만들고 있는 기계를 부수어 버려야겠다는 충동을 느낀 것이다. 밤을 이용하여, 복면을 한 노동자들이 직물 공장의 기계를 두드려 부수었다. 기계 파괴 운동이 한 도시에서 다른 도시로 유행처럼 번지자, 공장주들은 총까지 동원하여 무자비하게 맞섰다.

기계 파괴 운동은 2년 정도 계속되다가 완전히 진압되었다. 노동자들은 새로운 깨달음에 이르렀다. 자신들을 노예처럼 부리는 존재는 기계가 아니라 기계 뒤에 숨은 자본가들이란 사실을 깨달았다. 노동자들은 노동조합을 결성하여 고용주들에 대항하여 자신의 권리를 주장하기 시작했다. 1847년 영국에서 처음으로 노동 시간을 하루 10시간 이내로 제한하는 법이 생겼고, 1868년 비로소 8시간 작업 원칙을 얻어 냈다. 노동자들의 투쟁의 결과였다. 영국의 노동 운동은 유럽의 다른 나라와 미국에 영향을 미쳤다. 1886년 5월 미국에서도 같은 요구를 하며 노동자들이 파업을 했는데, 경찰이 쏜 총에 6명이 사망했다. 우리나라 노동자들에게 그 권리가 돌아온 것은 『외딴방』의 주인공들이 한참 더 나이가 든 이후였다. 지금도 그 권리는 모든 노동자가 동일하게 누릴 수 있는 것이 아니다.

그럼에도 지금의 노동자를 노예로 생각하는 사람은 없다. 이제 노동자는 노예가 아니라 인간으로서 노동자의 권리를 가진다고 믿게 되었다. 싸움의 결과다. 그렇다면 그런 싸움은 반드시 해야만 하는, 피해서는 안 될 싸움일 테다.

노동의 역사만 그런 것이 아니다. 여성의 권리, 장애인의 권리, 어린이의 권리, 동성애자의 권리를 찾기 위해 오랫동안 싸워 왔다.

사람들의 생각이 바뀌었다는 것은 세상이 변했다는 뜻이다. 많은 사람이 생각하는 모습으로 세상이 바뀌었다는 것은 발전이다. 바람직한 변화라는 의미다. 만약 세상이 바뀌었다면, 그것은 싸움의 결과다. 변화를 원하는 사람들이 이겼기 때문이다. 여전히 세상이 바뀌지 않고 그대로라면, 그것 역시 싸움의 결과다. 변화를 원하는 사람들이 졌기 때문이다.

⚖ 차별을 없애기 위한 싸움 세상의 모든 편견에 맞서서

차별의 철폐도 모두 싸움의 결과다. 인종 차별, 여성 차별, 아동 차별, 성적 지향성에 대한 차별 등은 오랜 세월 동안 투쟁의 대상이었고, 지금도 진행 중이다.

차별은 차이에 대한 편견에서 비롯하는 부당한 태도다. 인간의 외모, 성, 성격, 취향, 능력 등은 저마다 다른데, 그런 차이를 무시하고 일정한 기준을 잣대로 정상과 비정상으로 구별하는 행태가 차별이다. 그 기준은 국가나 사회에서 힘을 가진 지배 계급이 일방적으로 결정하는 경우가 대부분이다.

과거에 여성은 마음대로 직업을 선택할 수 없었다. 직업은커녕 투표권도 없었다. 남성이 사회를 이끌어 가는 중심이라 생각하고, 여성과 어린이는 부수적 존재로 여겼기 때문이다. 심지어 남성은 완전하고 정상적 인간으로, 여성이나 어린이는 불완전한 비정상의 인간으로 간주했다. 여성에게 최초로 참정권을 인정한 것은 고대 그리스 도시국가에서 투표를 한 지 2000년이 지난 1893년 뉴질랜드에서였다. 그 밖에 나라에서는 모두 20세기에 들어서서야 여성에게 투표를 허용했다. 1920년의 미국이나 1948년의 한국은 그나마 빠른 편이다. 스위스는 1971년, 쿠웨이트는 2006년, 사우디아라비아는 2011년에야 대단한 결심이라도 한 듯 여성에게 투표권을 주었다.

유색 인종 차별을 없애기 위한 싸움이 일어난 대표적인 곳은 미국이다. 1950년대 민권 운동은 흑인에 대한 무차별적 차별에 대항한 투쟁이었다. 그 연장선에서 21세기에 이르러 흑인 대통령까지 탄생시켰지만, 여전히 싸움은 끊이질 않고 있다.

1960년대에 들어서서 미국 행정부는 소수자를 배려하는 정책을

1920년의 미국이나 1948년의 한국은 그나마
빠른 편이다. 스위스는 1971년, 쿠웨이트는 2006년,
사우디아라비아는 2011년에야 대단한 결심이라도 한 듯
여성에게 투표권을 주었다.

펼쳤다. 그중의 하나가 대학에 일정한 수의 소수 인종 학생을 특별 전형으로 입학시키도록 한 할당제 우대 정책이었다. 소수 인종 학생들이 환경적 제약 때문에 경쟁력이 약해 좋은 대학에 입학할 수 없다고 판단했기 때문이다.

그런데 세월이 흐르자 미국 사회에서 다수를 차지하고 있는 백인들은 역차별을 당하고 있다고 불만의 목소리를 높였다. 흑인이나 소수 인종 학생을 따로 입학시킴으로써 그 자리를 빼앗긴, 성적이 더 나은 백인 학생들이 피해를 입는다는 것이었다.

차별과 역차별의 싸움은 또 연방 대법원으로 갔고, 2015년 2월, 6대 2로 소수 인종 우대는 일종의 평등권 위반이라는 판결이 났다. 소수 인종 우대 정책은 위헌이 아니라는 소수 의견을 제시한 두 명은 모두 여성인데, 그중 소니아 소토마요르는 푸에르토리코에서 이주한 집안 출신이다. 소토마요르는 성적만으로는 프린스턴과 예일대 로스쿨에 입학할 수 없었지만 우대 정책 때문에 가능했다고 스스로 밝히면서 "소수계 우대 정책은 내 인생의 방향을 바꿀 수 있는 문을 열어 주었다"고 했다.

소수 우대 정책은 옳지 않다는 데 한 표를 던진 토머스 클래런스는 흑인으로 역시 예일대 로스쿨 출신이다. 클래런스는 이전에 "소수 우대 정책이 나의 예일대 학위의 가치를 떨어뜨렸다"고 불만을 토로한 적이 있다.

소토마요르는 판결문에 아예 이렇게 썼다. "법관은 미국 사회에 엄존하는 인종적 불평등에 대해 뒷짐 지고 앉아서 없어지기를 기다리는 대신 맞서 싸워야 한다."

인간의 관습적이고 제도적인 의식은 동성애를 자연의 법칙에 반할 뿐만 아니라 양성을 창조해 역할을 분담시킨 신의 의지에 반하는 것으로 단정했다. 법으로 엄격히 금지했고, 발각되면 사형에까지 처할 수 있었다. 젊은 날의 레오나르도 다빈치도 그 위험의 낭떠러지에 선적이 있었다. 그런 교조적이고 억압적인 인식은 과거의 유물이 아니라 지금도 팽배해 있다.

히틀러의 폴란드 침공으로 시작된 제2차 세계대전에서, 프랑스마저 무너지고 영국을 중심으로 연합군이 버티고 있을 때였다. 맹위를 떨치던 독일군 잠수함 유보트의 암호를 해독하는 일이 최대의 과제로 눈앞에 놓였는데, 영국의 수학자 앨런 튜링(Alan Mathison Turing, 1912~1954)이 머릿속 컴퓨터를 돌렸다. 밖에서는 치열한 전투가 벌어지는 가운데, 연구소 안에서는 암호와 생사를 건 싸움이 전개됐다. 마침내 암호는 풀렸고, 독일 함대는 힘을 잃기 시작했다. 그 덕분에 노르망디 상륙 작전이 성공했고, 전세는 바뀌었다.

전쟁이 끝난 뒤 튜링은 영웅의 자리 대신 피고인석에 앉았다. 동성애자였기 때문이다. 법원은 감옥행과 화학 치료 중 선택하도록 했다. 연구를 계속할 수 있다는 생각에 후자를 택했다. 화학적 거세는 약물로 성적 능력을 감퇴 또는 상실하게 만드는 비인간적 수단이다. 그 뒤 튜링은 자살했고, 영국 왕 엘리자베스 2세는 59년이 지난 2013년 사면을 발표했다. 물론 튜링 외에는 아무도 명예를 회복하지 못했다.

⚖️ 싸움 그 자체의 가치 종착점은 같더라도

싸워야 할 것인가, 싸우지 말아야 할 것인가. 사회적 자제력을 발휘하여 참을 것인가, 참지 말 것인가. 그 중요한 순간에 매번 싸우지 않는 쪽만 선택한다면 어떻게 될까? 세상은 평화로 가득 찰까?

수많은 선택의 순간에 항상 싸우지 않는 쪽으로만 결정한다면 그 것은 선택을 하지 않는 것과 같다. 그런 선택은 불가능하기도 하다. 선택이란 두 가지 이상의 대상 중에 일부를 지정하는 일이다. 싸움과 자제 둘 중에 항상 자제만 선택한다면, 그 사람에게는 처음부터 싸움이란 것이 존재하지 않는다. 악이 없으면 선이 있을 수 없고, 부정의가 없다면 정의도 없는 것과 같다. 그러니 무조건 싸우지 않는다는 것은 선택이 될 수가 없다. 아무리 어렵더라도 선택해야 한다. 그것이 쉽지 않기 때문에, 사람이 살아가는 일이 어려운 것이다.

사람이 사는 곳에는 정의가 있으면 부정의가, 옳은 것이 있으면 그른 것이, 빛이 있으면 그림자가, 행복이 있으면 불행이, 기쁨이 있으면 슬픔이, 웃음이 있으면 눈물이, 승리가 있으면 패배가 있다. 그중에 그때의 사정에 따라 어떤 것은 선이 되고 또 다른 것은 악이 된다. 인간이 사는 세상에는 물론이고 인간 자신의 마음속에서마저 선과 악은 섞여 있다. 따라서 인간의 세계에서 무엇이 선이고 무엇이 악인지는 인간 스스로 판단해야 한다.

모든 사람이 이 땅에서 정의가 실현되기를 원한다. 그리고 각자 나름대로 노력한다. 그런데 실제로 인간 세상에서 정의가 완전히 이루어지고 부정의는 자취를 감추어 버린다면 어떻게 될까. 모든 사람이 편안하고 행복하게 지내는 세상이 될 것이다. 하지만 그런 세상에 정의는 더 이상 존재하지 않는다. 정의는 부정의가 있어야만 드러나기 때문이다. 우리가 무엇이 정의인지 아는 까닭은 그것을 부정의와 비교해 볼 수 있기 때문이다. 부정의가 아예 없다면, 우리는 부정의가 무엇인지조차 알 수 없다. 따라서 정의도 모르게 된다. 아이러니한 일이지만 부정의는 정의를 비추어 주는 거울이다. 불행이 행복을 알려 주는 것처럼.

따라서 인간에게는 정의가 필요하듯이 부정의도 필요하다. 악이 있기에 선이 드러난다. 마찬가지로 평화를 얻으려면 싸움이 필요하다.

사람은 몸에 병이나 상처가 생기면 통증을 느낀다. 사람에게 신경 조직이 없어 통증을 느끼지 못한다면 어떻게 될까? 몸의 어딘가가 고

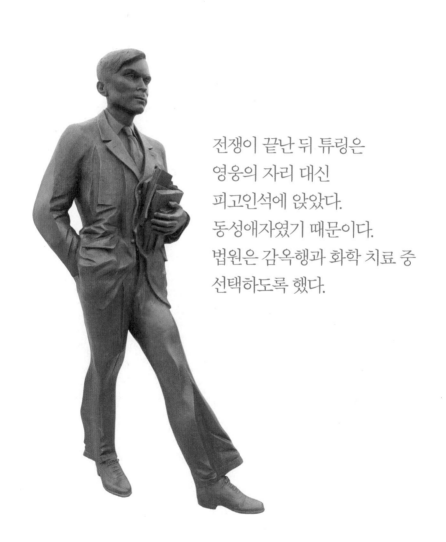

전쟁이 끝난 뒤 튜링은
영웅의 자리 대신
피고인석에 앉았다.
동성애자였기 때문이다.
법원은 감옥행과 화학 치료 중
선택하도록 했다.

장 났다는 것을 몸의 주인이 알 수 없으니 치료도 할 수 없다. 결국 병이 있다는 것도 모른 채 죽게 될 것이다. 결국 싸움은 하나의 통증이다. 사람이 살아가면서 자신이 속한 사회 속에서 느끼는 통증이다. 싸움을 부추기고 일으키는 요인들은 바로 그러한 통증을 느끼게 해 주는 사회적 신경 세포나 다름없다. 정당한 싸움을 통해 사회의 병을 고칠 수 있기 때문이다.

ᆞ과거와 지금을 단순 비교하면 세상은 정말 많이 바뀌었다. 바뀐 결과를 대부분의 사람들이 바람직한 현상이라고 받아들인다. 바뀌기 전의 과거와 비교할 때 그러하다는 것이다. 그 변화는 저절로 이루어진 것이 아니라 싸움을 통해 얻은 성과다. 싸울 때 싸워야 원하는 결과, 바람직한 현실을 만들 수 있다.

반드시 그러한가? 다시 사고 실험실로 들어가 보자.

타협과 양보를 통해서도 비슷한 결과에 이르지 않았을까? 시간이 좀 걸리더라도, 거듭 상대를 설득하다 보면 모든 면에서 지금처럼 되지 않았을까? 싸우지 않았다고 해서 우리가 여전히 10년 또는 50년, 100년 전처럼 지내고 있을까? 싸움에도 시간이 걸린다. 싸운다고 언제나 이기는 것도 아니고, 이긴다고 금방 변화가 이루어지는 것도 아니다. 싸우는 데 써 버린 그 숱한 나날들 동안 대화와 타협을 시도했더라도 비슷한 종착점에 도달하지 않았겠느냐는 말이다. 그렇다면 굳이 싸울 필요가 어디 있겠는가.

결과가 비슷하다 하더라도, 싸움의 과정을 거친 경우와 그렇지 않은 경우는 다를까? 다를 수 있을 것이다. 다르다면 어느 경우가 더 나은가? 결과에 치중하면 싸우지 않은 경우가 더 낫다고 생각할 수 있다. 싸움은 부작용을 초래하기 때문이다. 하지만 싸움이라는 '과정' 자체에 의미를 부여할 수 있다면 사정은 달라진다.

호르메시스(hormesis)란 것이 있다. 소량의 독성 물질이 인체에 유익한 작용을 하는 현상을 일컫는 용어다. 독은 사람이 다량 섭취할 경우 사망의 원인이 된다. 하지만 소량일 때에는 인체가 거기에 저항하는 과잉 반응을 촉진하면서 오히려 건강을 증진시키는 데 기여한다. 실제로 채소 중에는 약간의 독성을 품고 있는 것이 많다. 그 독성은 벌레 같은 포식자로부터 자신을 지켜 준다. 그러면서 사람이 그 채소를 먹었을 때 인체에 도움이 되는 작용을 한다.

배가 고픈 상태는 참기 힘든 현상에 속한다. 의도적으로 단식하지 않는 한, 배가 고프면 먹어야 한다. 계속 먹지 못하면 고통스럽다. 배가 고픈 상태는 인체에 부정적이고 불편한 현상이며, 배가 고프지 않은 상태는 바람직하고 행복한 상태라고 하자. 그렇다면 가능한 한 배가 고픈 경험은 하지 않는 편이 낫다. 항상 배가 고파지기 전에 정확하게 식사를 하여 공복을 전혀 체험해 보지 못한 사람과, 공복의 경험이 있는 사람의 경우 누가 더 건강하겠는가? 공복의 느낌을 알면서 식사를 하는 사람이 더 건강하다고 알려져 있다. 실제로 평생 공복을 전혀 경험해 보지 못하는 사람은 존재하지 않겠지만 말이다.

싸울 수밖에 없는 상태는 참기 힘든 상황이다. 그 상황에 이른 자체가 스트레스를 준다. 스트레스는 독이나 공복의 느낌과 유사한 것이다. 적당한 스트레스가 왔을 때 어떤 방식이 자신에게 유리한가? 참으면 스트레스가 증가할 수 있다. 싸우면 적당히 해소될 수 있다. 사람마다 다를 수도 있고, 과학적으로 명확한 결론이 있는 것도 아니다. 다만, 다른 예에 비추어 세상을 이해하듯이 우리 자신을 이해할 뿐이다.

스트레스를 가할수록 일정한 한도까지는 오히려 단련의 효과가 나타나는 현상이 있다. 사람이나 동물의 뼈에 일시적 스트레스를 가하면 뼈의 밀도가 높아져 더 강해지는데, 이를 '볼프의 법칙'이라 한다. 우주 비행을 하고 돌아온 우주인의 뼈는 골다공증으로 많이 약화된다. 무중력 상태의 우주에서는 뼈가 아무런 스트레스를 받지 않기 때문이다. 반면 격투기 선수의 뼈는 보통 사람보다 훨씬 강해진다. 가격에 의한 스트레스로 뼈가 강화되어 평소에 비하여 7배 이상 외부 압력에 견딜 수 있게 된다.

사람의 감정이나 정신 작용도 비슷하다. 끔찍한 경험을 한 뒤 정신적 상처가 깊어 헤어나지 못하는 사람이 있다. 트라우마, 즉 외상 후 스트레스 증후군(post traumatic stress disorder)이라고 부르는 상태다. 그런가 하면, 외상 후 성장도 있다. 흔히 말하듯, 아픈 만큼 성숙하는

끔찍한 경험을 한 뒤 정신적 상처가 깊어
헤어나지 못하는 사람이 있다. 트라우마,
즉 외상 후 스트레스 증후군이라고 부르는 상태다.
그런가 하면, 외상 후 성장도 있다. 흔히 말하듯,
아픈 만큼 성숙하는 것이다.
물론 그 상처는 미량의 독처럼 적당해야 한다.

것이다. 물론 그 상처는 미량의 독처럼 적당해야 한다.

⚖️ 싸움의 궤적이 곧 우리의 삶

싸우지 않아도 세상은 바뀔 수 있다. 타협과 양보가 이루어지지 않더라도 세월의 흐름에 따라 환경이 바뀌고, 바뀐 환경에 따라 그 사회 구성원의 의식이 바뀌기 때문이다.

하지만 싸움에 의한 변화는 '의도된' 변화다. 뚜렷한 목표와 목적의식이 이루어 내는 변화다. 저절로 이루어지는 변화는 자연스러워 마찰이 거의 없다. 자고 나면 담장에 쌓이는 눈처럼 우리를 불편하게 만들지 않는다. 그러나 그 변화는 우리가 '원하는 순간'에 이루어지지 않는다. 이제나 저제나 기다리다 보면 어느 순간 갑자기, 아니면 기다리다 지쳐 잊고 있을 즈음 문득 일어난다. 거기에 반해 인간의 의지와 집요함에 따른 계획을 성취하는 수단으로 싸움이 동원될 때, 거기에 참여하고 동의한 주체들은 결과에 대체로 만족한다. 자신이 원하는 시기에 원하는 방식에 따라 이루어 낸 변화이기 때문이다.

의사(意思)와 관계없이 저절로 찾아오는 변화는 우리의 정신과 육체를 할퀴지 않는다. 눈이 녹은 뒤 피는 꽃처럼 나타난다. 하지만 싸움을 통해 맞는 변화는 다르다. 그것은 찾아오는 것이 아니라 '만들어 내는' 것이다. 싸움의 과정에서 몸과 마음은 상처를 주고 또 받는다. 그 격렬한 충돌은 우리의 정신과 육체에 역사를 기록하듯 흔적을 남긴다. 싸움의 궤적이 바로 삶의 일부이며, 싸움이 이룬 변화의 결과에 대한 설명이 된다. 왜 그렇게 되었어야만 했는가를 말해 주는 것이다. 약병에 복용법이 적혀 있고 식품 포장지에 성분 표시가 되어 있듯이, 보이지 않는 그 기록은 변화에 대한 우리 생활의 적응 방법으로 기능한다.

물론 싸움의 결과로 성취한 변화에 다수가 만족해하더라도, 그 변화의 가치가 영원불변한 것은 아니다. 효용은 시간이 지남에 따라 소멸한다. 언젠가는 또 다른 싸움에 의해 다른 상태로 변환한다. 변화의 변화가 각자의 삶과 인류의 세대교체에 발맞추어 쌍곡선으로 어울리거나 평행선처럼 뻗어 간다.

생각하면 정말 웃기지 않는가
자연이 무슨 꿍꿍이속인지
세상에 태어나는
모든 소년 소녀를
작은 자유주의자 아니면
작은 보수주의자로 만든다는 게!

　영국 뮤지컬의 시조로 꼽히는 변호사 길버트와 작곡가 설리번이 1882년에 만든 오페라타 〈아이올란테〉에 등장하는 '이등병 윌리스의 노래'다. 이 노래의 가사만 보더라도, 싸움이 없어질 것 같지는 않다. 보수와 진보, 우파와 좌파 같은 편 가르기는 물론 매사에 찬성과 반대로 맞선다. 사람은 사회 속에서 자기 편과 남의 편을 구분할 때 비로소 안정감을 얻는 습성이 있다. 자기 편이 자신을 보호해 주고, 자신이 자기 편에 기여할 수 있다고 믿는다. 그런 생각이 좀 더 강해지면, 상대편은 적이 된다.

　사람은 기본적으로 옳고 그름에 대한 판단력이 있다고 믿는다. 스스로 그렇게 생각한다. 내가 하나의 인간으로서 무엇을 어떻게 해야 할 것인가에 대한 내면적 고민은 개인의 도덕성을 함양한다. 거기에 기초하여 공동체의 일원으로 다른 사람과의 관계에서 어떻게 행동하고 처신해야 하는가라는 윤리 의식이 생긴다. 도덕성과 윤리성의 힘으로 옳고 그름을 판단한다. 그 나름대로의 판단 기준과 이론은 정의의 저울이다. 그것을 실천으로 옮기는 행위는 정의의 칼이다.

　가장 큰 문제는 옳고 그름 자체가 분명하지 않다는 것이다. 독일의 철학자 임마누엘 칸트(Immanuel Kant, 1724~1804)는 "정의란 머리 위에서 반짝이는 밤하늘의 별처럼 분명한 존재"라고 선언했다. 또 결과에 관계없이 행위 그 자체가 선한 것이므로 무조건 행하여야 하는 정언명령이 우리에게 부과되어 있다고도 했다.

그렇지만 만사가 칸트가 말한 바와 같지 않다는 사실을 우리는 경험으로 안다. 게다가 칸트가 옳다 하더라도 모든 사람이 칸트처럼 살수도 없다. 그래도 사람은 각자 옳고 그름의 판단을 통해 행위를 선택해야 한다. 그것이 인간 존재의 운명이다.

많은 사람이 선택하는 것은 어쨌거나 사회에 이익이 되는 것일 터이므로 함께한다는 집단선택 이론도 하나의 방법이다. 내가 하려는 행동을 타인이 나에게 한다고 먼저 생각해 보는 것도 하나의 방법이다. 옳은 것은 분명하지 않을지 몰라도, 옳지 않은 것은 비교적 쉽게 판별할 수 있지 않겠는가. 옳지 않는 일을 피하는 것도 하나의 방법이다. 옳지 않다고 생각되는 것을 모두 버리고 난 뒤에 남는 것이 반드시 옳은 것이라는 보장이 없더라도 말이다. 세상의 만물은 미립자, 원자, 분자, 유전자, 세포, 조직, 개체, 개체군으로 이루어진다. 단계가 올라갈수록 복잡성은 증가한다. 원자나 분자 단계에서 명확히 알면 다음 단계를 예측할 수 있을 것 같지만, 번번이 빗나간다. 유전자를 해독하더라도 그 자체를 완전히 이해하기에는 역부족인데다, 돌연변이에는 속수무책이다. 하나하나 요소가 모여 합치면 상호작용으로 인하여 예상하지 못했던 전혀 다른 속성이 탄생한다.

만물 중의 하나인 호모 사피엔스 사피엔스는 어떻겠는가. 개인, 가족, 마을이나 학교, 도시, 국가, 지역, 세계, 우주 속의 지구…… 이렇게 단계별로 나아갈 때, 거기서 쌓이는 삶의 복잡성은 놀라울 정도

도덕성과 윤리성의 힘으로 옳고 그름을 판단한다.
그 나름대로의 판단 기준과 이론은 정의의 저울이다.
그것을 실천으로 옮기는 행위는 정의의 칼이다.

로 증폭한다. 복잡성이란 단순히 그 내용이 복잡하다는 의미가 아니라, 어느 한 계통 내에서 한둘의 이론이나 논리로 모든 것을 설명할 수 없다는 뜻이다. 사람이 이성을 발휘하여 얻은 규칙, 방법, 논리로 삶의 모든 것을 해결할 수 없다는 것이 삶의 복잡성이다. 따라서 사람과 사람 사이 의견의 충돌은 그 영역의 범위가 넓어질수록 기하급수적으로 폭증한다. 싸우기로 마음먹는다면, 매순간 쉴 새 없이 싸워야 할 지경이다.

한 그릇의 물이 있다. 물을 냄비에 부어 불 위에 올려놓는다. 시간이 지나면서 물의 온도가 점점 오르다가, 마침내 끓기 시작한다.

물이 끓는 냄비 속을 가만 살펴보면, 거품이 생기고 물방울이 튀고 하면서 작은 아수라장이 된다. 가만히 두었을 때 고요하던 수면이 활발하게 움직이다 끝내 요동을 친다. 격렬하게 싸우는 모습을 연상시킨다. 실제로 끓는 온도에서 물의 분자들은 미친 듯이 날뛴다. 분자끼리 서로 부딪치며 싸우는 것이나 다름없다.

끓인 물은 다양하게 사용할 수 있다. 음식을 만들 수도 있고 차나 커피를 탈 수도 있다. 무엇인가를 깨끗하게 씻어 내는 데에도 찬물보다 훨씬 효율적이다.

가만히 그릇에 담아 둔 물은 조용하다. 마치 죽은 듯 숨죽이고 있다. 오래 두면 물이 조금씩 증발하기도 하고, 불순물이 섞여 들거나 썩기도 한다. 물도 저절로 죽는다.

가만히 있는 물은 싸움이 없는 세상과 같다. 그대로 계속 두면 죽음의 상태나 다름없게 된다. 하지만 냄비 속에서 끓는 물을 보고 있으면 사람이 사는 세상의 축소판 같은 느낌이 든다. 끓는 물은 싸움이 계속되는 세상과 비슷하다. 격렬하고 위험하지만, 그 결과는 쓸모가 있다.

세상이 아무리 아름답더라도, 인간은 항상 불만을 가져야 한다. 불만으로 가득한 인간의 눈은 세상의 잘못을 더 잘 볼 수 있기 때문이다. 그 잘못을 그대로 방치하지 않고 고치려 한다면, 싸움은 피할 수 없다.

인간은 싸우는 존재다. 싸우는 일이 잘못되었다는 사실을 알면서도 싸운다. 인간은 서로 다른 언어, 서로 다른 종교, 서로 다른 음식 때문에 싸운다. 동시에 인간은 서로 다른 생각을 가지고 그림을 그리고, 시를 쓰고, 물건을 만들고, 사랑을 한다. 인간은 살아가면서 끊임없이 싸우지만, 또 싸움을 통하여 서로 도움이 필요하다는 사실을 깨닫는다.

세계는 왜 지금처럼 되었을까? 오늘날의 세상을 긍정적으로 보는 사람도 있고, 부정적으로 평가하는 사람도 있을 것이다. 우리가 살고 있는 현재의 모습은 보기에 따라 싸움의 결과일 수 있다. 다른 한편으로는 앞으로 싸워야 할 이유일 수도 있다.

지금의 나는 어떻게 만들어졌을까? 끊임없이 생각하고 고민하며 순간순간 선택하고 결정한 결과다. 나 자신과 갈등하며 싸워 온 결과가 지금의 나다. 앞으로의 나도 마찬가지다. 내가 나 자신과 어떻게 싸우느냐에 따라 나의 미래가 결정된다. 다시 말하면 내 스스로 나의 미래를 만들어 가는 셈이 된다. 세상도 마찬가지다. 우리의 미래는 우리가 싸워 만들어 가는 것이다.

보다 나은 세상을 만들어 가기 위해 가장 필요한 것 중 하나는 불필요한 싸움과 필요한 싸움을 구별하는 능력이다. 무엇이 피해야 할 싸움이며, 무엇이 참지 말아야 할 싸움인지, 그것을 판단하고 구별하기 위해 우리는 또 싸워야 할 것이다. 그런 존재가 바로 인간이다.

사람은 싸울 수밖에 없다. 싸워서는 안 된다 하더라도, 싸움은 없어지지 않는다. 물론 항상 싸움으로 일관할 수는 없다. 어떻게 싸우느냐가 문제다.

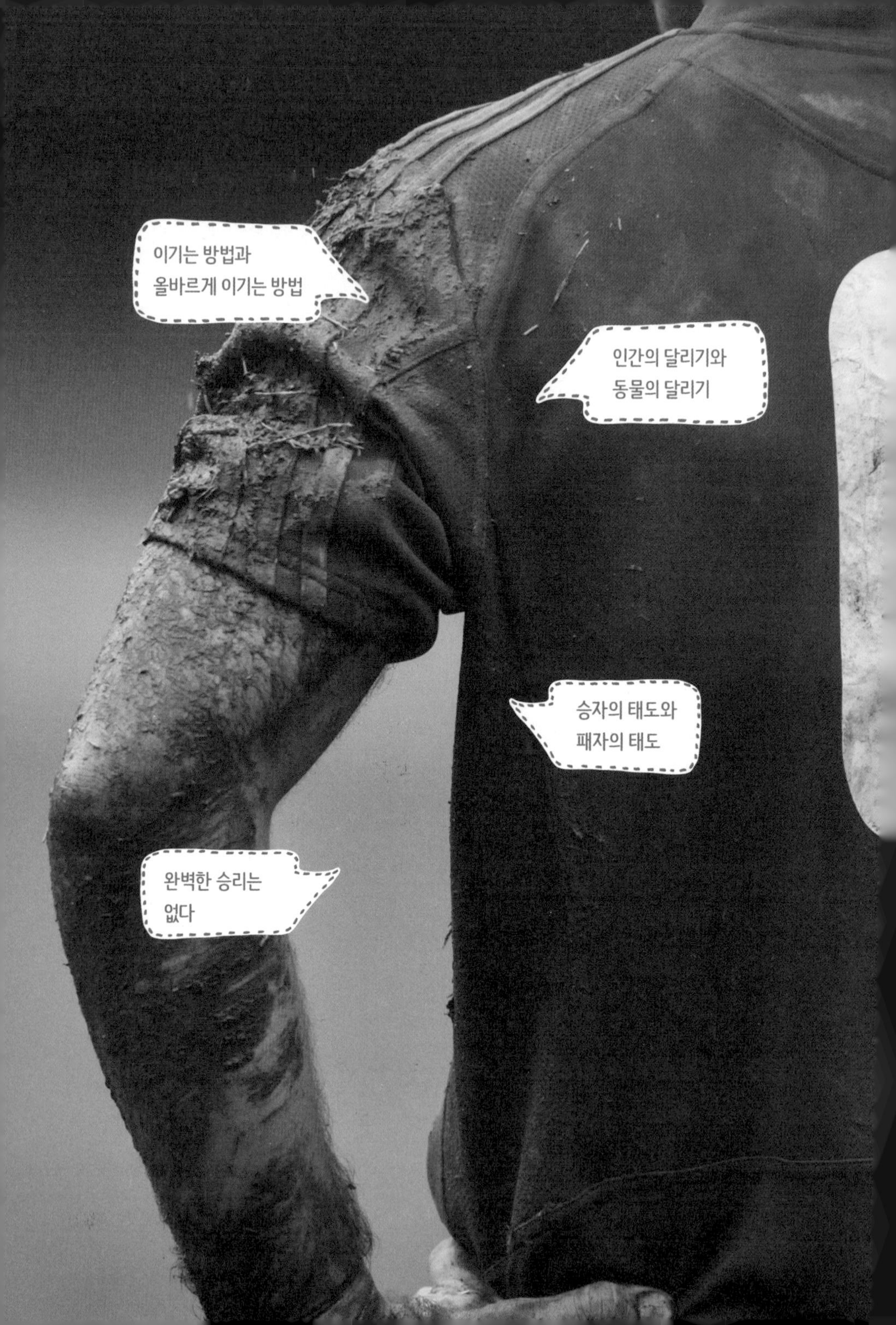
이기는 방법과
올바르게 이기는 방법
인간의 달리기와
동물의 달리기
승자의 태도와
패자의 태도
완벽한 승리는
없다

04

잘 싸우는
방법을 찾아서

어떻게 싸울 것인가

인간다운 싸움

어떻게 이길 것인가

싸움이 끝나고 난 뒤

싸움, 옳음을 찾아가는 과정

어떻게 싸울 것인가 이기는 방법과 올바르게 이기는 방법

어차피 싸울 수밖에 없다면, 왜 싸우느냐는 문제와 마찬가지로 어떻게 싸우느냐가 중요하다. 싸움의 원인이나 이유는 따로 있지만, 싸움의 목표는 이기는 것이다. 일단 싸움이 시작된 후에는 오직 이기기 위해 싸운다. 이기기 위해서는 수단과 방법을 가릴 필요가 없는가?

앞에서 공군 폭격기 부대에 입대한 다이슨의 고민을 보았다. 처음에는, 아무리 동기가 정의를 위한 것이라 해도 전쟁이 초래하는 야만과 비극을 정당화할 수는 없다고 확신했다. 그러다 무차별 살육과 같은 공격만 하지 않는다면 동기가 옳으므로 나치스에 대항한 전쟁은 정당하다고 생각이 바뀌었다. 사정이 변하자 동기가 나쁘더라도 동료의 무고한 희생을 막으려면 싸울 수밖에 없다는 식으로 논리가 비약했다. 다이슨의 예에서 읽을 수 있는 고민은 결국 어떻게 싸우느냐가 왜 싸우느냐와 똑같이 중요하다는 것이다. 어떻게 싸우느냐는 문제에서 생긴 의문 때문에, 싸우는 이유를 거듭 수정해야만 했다.

"과녁을 빗맞히기는 쉽고, 맞히기는 어렵다."

아리스토텔레스가 한 이 말은, 잘못은 여러 가지 방법으로 저지를 수 있지만 올바른 행동은 한 가지밖에 없다는 것을 의미한다. 싸움에는 두 가지 길이 있다. 이기는 방법과 올바르게 이기는 방법이다.

싸우는 목적은 이기려는 이유와 겹친다. 때로는 승부와 관계없이 싸움 자체를 목적으로 하는 싸움도 있지만, 대개는 이기기 위해서 싸운다. 그러한 경우 싸움의 목적은 이겨서 얻으려는 것과 일치한다.

싸움은 그것이 의도하는 바가 적합해야 정당성을 인정받을 수 있다는 것은 이미 확인했다. 합리적인 이유, 적합한 동기가 싸움에 정당성을 부여한다. 그다음에 필요한 것은 옳은 행위다. 올바른 방법으로 싸워 이겨야 한다. 두 가지 요건을 모두 충족해야 정당한 싸움이 된다. 다이슨은 자신의 내면에서나마 그 두 가지 요건을 다 갖추려고 고심했던 것이다.

목적의 적합성은 과녁을 향해 화살을 제대로 겨누는 일에 비유할 수 있다. 수단이나 과정의 올바름을 궁수의 호흡, 조준 자세와 태도에 비유할 수 있다. 두 가지 요건을 완벽히 갖추어야 과녁의 한가운데를 명중시킬 수 있다.

싸움은 인간의 감정이 이성의 한계를 넘어서서 격분 상태에 이르렀을 때 감행하는 격정의 행위다. 이성을 잃지 않고 놀라울 정도로 침착하게 논리로 따져 드는 싸움도 있지만, 승리의 목표점을 향하다 보면 역시 과도한 냉정심이 드러난다. 지나치게 차가운 것은 정상의 감정 상태가 아니란 점에서는 과열의 흥분 상태와 마찬가지다. 싸움은 그러한 비정상의 상황에서 이루어지는 것이므로 보통 부정적 평가를 받는다. 하지만 불가피하고 정당한 싸움으로 인정받으려면 흥분하기 이전에 몇 가지 깊이 생각해야 할 것이 있다. 사람의 싸움은 무작정 돌진하는 무모한 몸짓이 아니라 목적적 행위여야 한다. 그것만이 사람의 싸움으로 평가받을 수 있다.

 인간다운 싸움 인간의 달리기와 동물의 달리기

공룡은 위풍당당하고 멋있었다. 지상에서 가장 거대한 몸집으로 넓은 평원을 누비며 한가로움을 즐기는가 하면, 분노가 폭발할 땐 큰 걸음을 힘차게 내디뎌 천지를 진동시켰다. 앞발을 휘저어 잡은 짐승을 한입에 삼키기도 하고, 태양을 가릴 정도의 큰 날개를 펼쳐 하늘을 날기도 했다.

그렇지만 공룡은 사라졌다. 화석으로 그 흔적만 남아 있다. 다른 동물들도 모두 그렇다. 종 자체가 사라지는 멸종이든, 개별적인 죽음이든 동물은 존재의 흔적만 남길 뿐이다. 인간처럼 창조의 흔적을 남

사람의 싸움은 무작정 돌진하는
무모한 몸짓이 아니라 목적적 행위여야 한다.
그것만이 사람의 싸움으로 평가받을 수 있다.

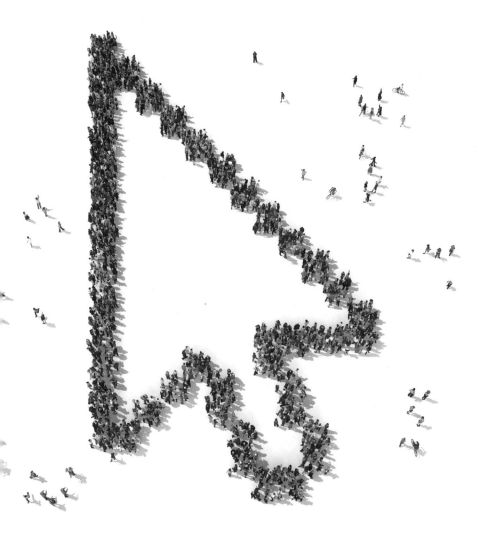

기지는 않는다. 하드로사우루스가 내 고향 뒷산 골짜기의 반대편에 큰 발자국을 남기고 그 흙이 굳은 채 뒤집혀 지층의 일부를 이루고 있다가 수천만 년이 흐른 뒤 우연히 우리에게 발견되었을 때, 우리는 발을 보호해 주는 밑창이 든든한 등산화를 신고 바위에 올라 공룡이 살다 간 세월의 자취를 기록한 지표의 한 페이지를 읽는다. 그리고 공룡의 기억이 만들어 낸 역사의 오목한 웅덩이에 분가루처럼 쌓인 먼지를 털어 내며 카메라에 그 모습을 담는다.

　동물 중에서 창조의 흔적을 남기는 것은 적어도 우리 인간이 아는 한 인간뿐이다. 인간이 지니고 있는 동물로서의 특성은 대부분의 다른 동물도 가지고 있다. 하지만 다른 동물과 구별되는 인간의 특성을 한 가지만 꼽아 보라면 역시 창조성이다.

　대부분의 동물은 스스로 진화한다. 딱따구리의 부리나 극락조의 아름다운 꼬리 깃털이나 모두 진화의 증거다. 인간도 동물처럼 진화한다. 오래전 우리 조상들의 모습과 지금 우리의 모습만 놓고 비교해 보더라도 싱긋 웃음이 나올 만큼 다르다. 나의 긴 다리와 큰 키가 흑백사진에 박힌 고조할아버지의 엉거주춤한 척추보다 곧고 당당해 보일 것이다. 그러나 양호한 발육 상태가 보여 주는 신체적 변화까지 진화라 한다 하더라도, 그것은 모두 생물학적 진화에 불과하다.

　인간은 생물학적 진화 외에 문화적 진화를 하는 존재다. 다른 동물에 비해 뚜렷한 문화적 진화를 이룬다. 인간의 진화는 단지 살아남기 위한 것에 그치지 않는다. 삶을 더 다양하고 풍부하게 만들려고 노력한다. 눈에 잘 띄지 않는 그러한 노력의 결과는 조금씩 쌓여 간다. 때로는 그림, 음악, 사상의 이름으로 탑처럼 쌓여 우리 곁에 머물기도 한다. 재미있는 인생을 목표로 하는 모든 활동의 흔적이 문화적 진화다.

문화적 진화는 인간의 창조적 능력에 의해 이루어 낼 수 있다. 인간의 창조성은 자신이 처한 환경에 가만히 갇혀 지내는 것을 거부함으로써 나타난다. 자기를 둘러싼 환경을 운명처럼 받아들이고 순응하는 태도에서 창조성은 거의 드러나지 않는다. 그 환경을 개척해 나아가며 변화시키려는 행동에서 창조성은 나타난다. 다른 동물들도 환경에 맞서 싸우기도 하고 변화시키려 시도하기도 하지만, 인간처럼 적극적으로 대항하지는 않는다. 그렇기 때문에 인간의 창조성이 가장 두드러져 보이는 것이다.

인간은 자신을 둘러싼 벽이나 하늘에서 쏟아지는 우박이나 피부를 찢어 놓을 듯한 추위만 환경으로 여기는 것이 아니다. 자기와 함께 살아가는 사람, 사람들 사이에서 만든 제도, 자신을 제외한 타인의 다른 생각들까지 모두 환경으로 삼는다. 자신의 적으로 생각하는 사람들도 당연히 자기 환경의 일부다. 자기와 다른 생각을 가진 사람의 존재는 그 자체로 견디기 어려운 환경이다. 그렇기 때문에 그 불편한 환경을 극복하고 개선하려는 의도로 싸운다.

인간이 모여 살아가는 국가나 사회의 조건을 크게 변화시키는 사건 중의 하나가 혁명이다. 인간 사회의 혁명은 결코 운명에 의해 일어나는 것이 아니다. 혁명은 인간 자신에 의해 일어난다. 즉, 싸움에 의해 일어난다. 그러므로 인간의 싸움이라면 인간답게 싸워야 할 것이다. 그러한 인간다운 싸움이라고 볼 수 있는 싸움 중의 하나는, 아마도 '창조적 싸움'일 것이다.

인간 중에 가장 빠른 존재는 자메이카의 우사인 볼트(Usain Bolt, 1986~)라는 이름을 가진 사나이이다. 정확히 말하면 볼트는 이 글을 쓰고 있는 현재 100미터를 가장 빨리 달리는 것으로 알려져 있다. 그의 100미터 기록은 9.58초다.

인간 중에서는 아직 볼트보다 빠른 사람은 없다. 볼트의 속도는 시속 37킬로미터가 조금 넘는다. 보통 사람이 자전거를 타고 달려도 따라잡을 수 없는 속도다. 하지만 동물 중에서는 많다. 영양이나 타조는 보통 시속 80킬로미터 정도로 달리는데, 100미터는 대략 4.5초 만에 돌파한다. 치타는 더 빨라 시속 115킬로미터의 속력을 낸다. 100미터의 기록으로 환산하면 3.1초다. 볼트보다 무려 세 배 이상 빠르다.

사람이 달리듯, 동물도 달린다. 달릴 때는 평소보다 더 많은 힘이 필요하다. 그 에너지는 혈관 속의 피가 근육에 산소를 날라다 주면서 얻게 된다. 빨리 달리려면 근육을 더 열심히 움직여야 하고, 그러려면 심장은 정신없이 피를 뿜어 보내야 한다. 그때 심장에서 쏟아져 나오는 피의 90퍼센트는 산소를 싣고 팔다리의 근육으로 몰려간다. 박동은 빨라지고, 입으로는 가능한 한 많은 공기를 들이마시려 헉헉거린다. 인간이나 동물이나 생물학적으로 달리는 원리나 모습은 똑같다.

그러나 달리는 이유는 전혀 다르다. 왜 달리는가? 치타나 영양은 볼트보다 훨씬 빨리 달리지만, 먹잇감을 사냥하기 위해서나 반대로 잡아먹히지 않기 위해서 달린다. 그저 기분이 좋아 달리는 경우는 드물다. 혹 그런 달리기를 할 때가 있다 하더라도, 전력을 다해 뛰지는 않는다. 순수하게 오직 더 빨리 달리기 위해, 목표한 기록에 도달하기 위해, 자신의 한계를 뛰어넘기 위해 달리는 동물은 없다. 인간만이 그런 달리기를 한다.

육상 경기장 트랙의 출발선에 선수들이 차례로 서 있다. 가볍게 몸을 푼 뒤 제각기 자신의 레인 출발점으로 다가선다. 두 손은 손가락을 세워 어깨보다 약간 넓게 폭을 유지하며 바닥에 대고, 발은 뒤쪽의 스타팅블록에 붙인다. 예비 신호에 따라 엉덩이를 높이 쳐들고 발에 조금 힘을 주고 긴장한다. 스탠드의 관중들도 모두 숨을 죽인다. 경기장 전체가 초긴장 상태다. 세상이 온통 정지된 듯한 그 짧은 순간을 깨뜨리는 총소리, 출발 신호음이 울리는 것과 동시에 선수들은 일제히 총알처럼 튕겨 나간다.

순수하게 오직 더 빨리 달리기 위해,
목표한 기록에 도달하기 위해,
자신의 한계를 뛰어넘기 위해 달리는 동물은 없다.
인간만이 그런 달리기를 한다.

이렇게 출발을 알리는 총소리에 반응하여 달리기를 하는 존재는 인간뿐이다. 사전에 그렇게 하기로 약속했기 때문이다. 서로 기량을 겨루며 인간 육체의 한계가 어디까지인가 끊임없이 확인하고자 한다. 그리고 한계다 싶은 것이 나타나면 그것을 뛰어넘으려 한다. 바로 인간의 도전 정신이며, 거기서 창의성이 생겨난다. 선수들이 달리는 10초 안팎의 시간 동안 신기록을 열망하는 인간의 고양된 감정이 일어난다. 달리는 선수와 주먹을 쥐고 지켜보는 관중이 감정을 서로 나눈다. 이윽고 경기가 끝나면 싸움 뒤의 승패처럼 결과가 기록으로 나타난다. 환호와 탄식이 교차한다. 그러한 상반된 감정이 뒤섞이는 가운데 감동을 느낀다. 그 감동은 두려움이나 공포심 같은 감정이 유발하는 흥분과 다르다. 자기 존재에 관한 충만한 만족의 기쁨이다. 그리고 그 순간에 인간은 미래를 상상한다.

인간다운 싸움은 바로 그런 싸움이다. 인간의 달리기와 동물의 달리기가 다르듯이, 특별한 목적을 향해 싸우는 인간의 특성이 인간을 인간답게 한다.

목적도 없이 무작정 싸우는 행동은 어리석은 짓이다. 자기 스스로의 판단에 의해 싸우는 것이 아니라 흥분된 감정에 따라 자기도 모르게 싸우는 것이기 때문이다. '어리석다'는 말에는 '인간답지 못하다'는 의미가 담겨 있다.

싸움도 달리기처럼 생각할 수 있다. 동물이든 인간이든 싸운다. 싸우는 이유가 다 있다. 하지만 흥분했다고 무조건 싸울 수는 없다. 본능적 감정에 따라 싸우는 습성은 인간이나 동물이나 함께 지니고 있다. 그렇지만 인간이 동물과 다르다면 인간답게 싸울 줄 알아야 한다. 무조건 싸우는 것이 아니라, 반드시 필요할 때에만 싸워야 한다. 그러한 싸움, 반드시 필요한 싸움, 피할 수 없는 또는 피해서는 안 되는 싸움을 할 때 그 싸움은 인간다운 싸움이 된다.

인간다운 싸움은 이유가 분명한 싸움이어야만 한다. 왜 싸울 수밖에 없는가, 심각하게 생각하고 판단한 뒤에 결행하는 싸움이어야 한다. 목적이 분명한 싸움만이 인간에게 허용되는 정당한 싸움이다.

 ## 어떻게 이길 것인가 완벽한 승리는 없다

싸움의 목적은 무엇인가? 생각이 다른 상대방을 꼼짝 못하도록 하는 것인가, 아니면 생각이 다른 상대방이 내 생각을 이해하도록 만드는 것인가? 그것은 바로 '싸움에서 이긴다'는 것이 무엇을 의미하는가, 하는 문제와 같다.

싸움에서 이기는 데에 너무 집착하면 진짜 싸움의 목적을 잊어버리기 쉽다. 이기기 위해서는 모든 수단과 방법을 동원하게 되기 때문이다. 싸우는 동안에는 상대방의 사정을 봐줄 겨를이 없다. 조금이라도 방심하다가는 내게 유리한 싸움도 언제 역전을 당할지 알 수 없는 일이다. 이기기 위해 최선을 다하다 보면 안전하게 이기고 싶어진다. 아슬아슬하게 이기는 것은 보는 사람에겐 흥미롭겠지만 싸우는 사람으로서는 그 긴장감을 견디기 위해 엄청난 정신적 에너지를 소모해야 한다. 그래서 할 수만 있다면 압도적으로 이기려 한다. 상대방이 역전의 기회를 넘볼 수 없게 해야 한다. 가능하다면 이기고 난 뒤에도 다시는 덤비지 못하게 완전히 눌러 버려야 한다. 재도전할 엄두도 내지 못할 정도로 박살을 내 버려야 한다. 그것이 완벽한 승리라고 생각한다.

완벽한 승리에 대한 집착은 싸우는 사람의 특성이다. 그렇게 할 수만 있다면 처음부터 완벽하게 이기고 싶어 한다. 시작할 때에는 승리를 장담할 수 없는 상황이었다 하더라도, 전세가 나아지면서 이길 가능성이 보이면 그때부터 상대를 완전히 압도하고자 한다. 점수를 내는 경기라면 상대방에게 한 점도 내 주지 않으려 하고, 토론이라면 상대방의 실수나 약점을 잡아 더 말을 못 하게 만들고자 하고, 전쟁이라면 상대방의 항복에 만족하지 않고 적진을 초토화해 다시는 일어서지 못하게 하려 한다. 그러한 집착과 욕망이 커지면 폭력에 기대려는 경향으로 나아간다.

"인간은 내면에 증오와 파괴의 욕망을 지니고 있습니다."

과학 기술이 원자폭탄이라는 핵무기를 만들어 인류의 평화를 위협하지 않을까 염려하던 아인슈타인이 1932년 오스트리아의 정신분석학자 프로이트에게 보낸 편지의 한 구절이다. 인간의 그러한 성향은 일상에서는 폭력으로 나타난다. 폭력은 싸움의 가장 흔한 수단이기도 하다.

사람이 폭력을 행사하는 정신분석적 근거 중의 하나는, 쾌감을 느끼기 때문이다. 그렇기 때문에 사람은 마음만 먹으면 곧잘 폭력을 행사한다. 폭력을 가하면서 스스로 고통을 느끼거나, 폭력을 당하는 상대에 대하여 연민의 감정을 갖게 되면, 그때의 행위는 폭력의 정형에서 벗어난 것이다.

싸움에서 폭력에 의존하려는 경향은 폭력의 위력이 '완전한' 승리를 보장해 준다고 믿기 때문이다. 폭력이 상대방을 제압하는 데 효과적이라는 사실을 경험으로 알고 있기 때문이다. 자신의 주먹을 먼저 쥐고, 모자라면 무기를 구하고, 불안감을 떨치기 위하여 패거리를 형성한다.

폭력의 시도는 상대방에게 공포심을 일으키고, 성공한 폭력은 상대방에게 굴욕감을 준다. 폭력은 야만적이며 비인간적이기 때문이다. 폭력은 신체를 훼손하기도 하지만, 정신에 더 치유하기 힘든 상처를 입힌다.

폭력은 무모하게 압도적 승리만 추구하는 싸움꾼이 즐겨 선택하는 수단이다. 싸움의 목적성을 고려하면, 싸움의 수단으로 폭력을 사용해서는 안 된다.

싸우는 사람은 각자 자기 생각이 옳다고 믿기 때문에 싸운다. 그렇기에 자기가 이기게 되면 옳음이 그름을, 선이 악을, 정의가 부정의를 이기는 것이라 착각하게 된다. 그 착각이 더 확실하게 이겨야 한다는 의무감을 불태운다. 그래서 더 완벽한 승리를 추구한다.

통쾌한 승리가 완벽한 승리라면, 과연 완벽한 승리는 애초에 계획한 싸움의 목적을 멋지게 달성할 수 있을까? 꼼짝 못하고 무릎을 꿇은 상대방은 즉시 승자인 나에게 승복하고 순응할까? 패자인 자신의 생각이 틀렸음을 인정하고 승자인 나에게 존중의 눈빛을 보내 올까? 결코 그렇지 않다. 상대방도 나와 같은 인간이기 때문이다. 그러한 태도는 노예에게나 기대할 수 있을 뿐이다.

세상이라는 들판에는 선과 악의 씨앗이 섞여 뿌려져 있다. 따라서 인간이 사는 세계에서 일어나는 일에는 절대적인 선이나 절대적인 악은 거의 없다. 악의 씨앗이 자라면 악이 되고 선의 씨앗이 자라면 선이 되는 것이 아니기 때문이다. 선과 악의 씨앗은 다양한 형태로 뒤섞여 우리 삶에 나타난다. 어떤 것은 선처럼 보이고 어떤 것은 악처럼 보인다. 선과 악의 구분이 분명하지 않은 경우도 많다. 보는 각도에 따라 달리 보이기도 하고, 보는 시간에 따라 변하기도 한다. 선은 좋은 것이고 악은 나쁜 것이란 자체도 인간이 필요에 따라 만든 것이다.

그런 기준이 있어야 인간이 윤리적으로 행동하는 데 도움이 되기 때문이다. 따라서 가능한 한 따라야 할 길을 선이라 하고 피해야 할 길을 악이라고 부르는 것일 뿐이다.

우리 앞에 펼쳐진 하나의 현상이 선인가 악인가? 또는 옳으냐 그르냐? 정의냐 불의냐? 그것이 분명하다면 고민은 한층 덜할 것이다. 왜 싸우며, 어떻게 이겨야 할 것인가라는 문제를 두고 깊이 생각하지 않아도 될 테니까 말이다. 하지만 모든 현상은 항상 이런 면과 저런 면이 조금씩 섞여 있다. 그것이 선인지 악인지 좀 더 분명하게 확인하려면 시간을 두고 살펴보아야 할 경우도 있다. 그 두고 보아야 할 시간이 하루 이틀일 수도 있지만, 일 년 이 년 또는 수십 년 수백 년일 수도 있다.

그렇지만 모든 인간이 수백 년 수천 년 사는 것도 아니고, 저마다의 사정을 과거와 현재와 미래를 통틀어 판단할 수 있는 도인이나 신인 것도 아니다. 보통의 인간은 과거를 기억에 담고 미래를 향하는 꿈을 잊지 않으며 현재를 살아갈 뿐이다. 그러므로 어떤 것이 옳고 어떤 것이 그르냐, 라는 문제에 대한 대답은 그때그때 내 놓아야 한다. 어렵고 불확실하다는 이유로 언제까지나 미룰 수도 없다. 그저 매 순간 옳고 그름에 대한 판단을 해야 한다. 자신이 판단한 결과가 그 당시에는 옳은 것이었다 하더라도, 그 옳음이 먼 훗날까지 계속 똑같은 가치를 가지고 유지되리라는 보장은 전혀 없다. 나중에 틀릴지라도,

그 순간에 옳다고 생각되는 것을 확인하고 행동으로 옮겨야 한다. 그것이 인간의 삶이다.

그렇게 살아가면서 순간의 필요에 따라 판단하고, 자신이 옳다는 것을 포기하지 않고 다른 생각을 가진 사람과 싸운다. 싸움을 할 때는 자신의 생각이 옳다고 확신한다. 그렇지 않으면 싸울 이유도, 필요도 없다. 하지만 그때 자신이 옳다고 생각하는 것은 절대적으로 옳은 것이 아니다. 다르게 생각하는 싸움의 상대방이 바로 그 사실을 증명한다. 자신의 생각이 옳을 수 있지만 완전히 옳은 것이 아니다. 전부 옳거나 항상 옳은 것도 아니다. 오히려 그를 가능성이 크다. 그렇기 때문에 그러한 점을 염두에 두고 싸워야 한다. 이기고 난 뒤에도 마찬가지다.

자기의 생각은 항상 옳다거나 자신의 생각만 옳다고 믿는 태도를 독선이라 한다. 설사 그 생각이 옳다 하더라도 그렇다. 옳더라도 그 순간에 옳은 것이기 때문이다. 상대방의 생각도 조금은 옳은 부분이 있을 것이다. 지금 이 순간 내 생각이 정말 옳은 것이라 확신하더라도 나중에는 바뀔 수도 있다. 이런 점을 잊어서는 안 된다.

그러므로 완벽한 승리는 통쾌할지는 모르나 애당초 계획한 싸움의 목적을 제대로 달성할 수 없다. 싸움의 목적이 나와 다르게 생각하는 상대방이나 나와 다른 생각 자체를 이 세상에서 완전히 제거하는 데 있지 않다는 사실을 상기해야 한다. 상대방으로 하여금 내 생각을 이해하도록 설득하는 것이 처음의 목적이었다는 사실을 잊으면 곤란하다. 상대방에게 굴욕감이나 수치심을 느끼게 하는 압도적 승리는 실패한 승리다.

 ## 싸움이 끝나고 난 뒤 승자의 태도와 패자의 태도

목적적 싸움은 싸움이 끝나고 난 뒤의 태도에 의해서 완성된다. 승자가 패자를 경멸하고 무시하는 태도에서 발견하는 것은 승자의 자만과 패자의 파멸이다. 그러한 싸움은 파괴적 싸움이다. 승자의 머리 위에는 영광이 아니라 다모클레스의 칼이 기다리고 있을 뿐이다. 싸움을 위한 싸움을 반복하게 만든다.

목적적 싸움이 의도하는 것은 갈등의 해소다. 싸움을 통한 갈등의 해소는 극적으로 이루어진다. 흥분과 분노 속에서 진행되는 싸움의 한복판에서는 해소를 기대할 수 없다. 치열한 싸움이 종결된 뒤, 승자의 관용과 패자의 자존으로 갈등은 해소될 수 있다.

• 알렉산드로스와 다리우스

마케도니아의 알렉산드로스 대왕(Alexandros the Great, BC 356~BC

흥분과 분노 속에서 진행되는 싸움의 한복판에서는
해소를 기대할 수 없다. 치열한 싸움이 종결된 뒤,
승자의 관용과 패자의 자존으로 갈등은 해소될 수 있다.

323)은 다리우스 왕(Darius III, BC 380경~BC 330)이 다스리던 페르시아와 전투를 했다. 격전이 벌어졌고 알렉산드로스는 허벅지에 큰 상처를 입었다. 다리우스는 엄청난 병사들을 잃고 겨우 목숨만 부지한 채 도망을 쳤다. 알렉산드로스의 승리였다.

알렉산드로스는 다리우스가 남기고 간 막사를 차지하고 전리품을 챙겼다. 그리고 잠시 피로를 풀기 위해 다리우스의 욕조에서 목욕을 하고 난 뒤 승리를 자축하는 만찬장에 앉았다. 그때 부하가 달려와 새로운 보고를 하였다. 포로 중에 다리우스의 어머니, 아내, 그리고 미혼의 두 딸이 있는데 다리우스가 전사한 것으로 알고 통곡하고 있다는 것이었다. 잠시 생각에 잠겨 있던 알렉산드로스는 곧 부하를 시켜 그들에게 자신의 말을 전하게 하였다.

"다리우스 왕은 사망하지 않았으니 울지 마시오. 그리고 나를 두려워할 필요도 없소. 나에게는 오직 아시아를 정복하려는 목적만 있을 뿐이며 결코 다리우스 왕에게 개인적인 미움 같은 것은 없소. 당신들에게는 지금까지 생활해 왔던 것과 똑같이 지내게 해 줄 테니 아무 걱정 마시오."

알렉산드로스는 그들이 원하면 페르시아 전사자들을 땅에 파묻고 장례를 치를 수 있도록 지시하였다. 마케도니아 병사들이 차지한 물건 중에서 그들이 필요로 하는 것은 돌려주도록 하였다. 또 그들에게 왕족의 호칭을 사용하도록 하고 충분한 물품과 돈을 지급하게 하였다. 비록 포로였지만 그들에게 정중하게 대하고 절대 거칠고 무례한 말을 쓰지 말 것을 마케도니아 병사들에게 엄명하였다. 알렉산드로스는 적을 정복하는 것보다 그들을 잘 보호하는 태도가 왕다운 행동이라고 생각하였기 때문이다.

얼마 뒤 페르시아의 포로 중 한 명이 탈출하여 다리우스 앞으로 갔다. 그는 그동안 있었던 일을 사실대로 보고하며 다리우스를 안심시켰다. 그리고 이렇게 덧붙였다.

"알렉산드로스는 싸움터에서는 상당히 사납지만 승리를 거둔 뒤에는 아주 너그러운 사람이었습니다. 지금 폐하께서 겪고 계신 모든 불행 중에서 그나마 큰 위안으로 삼을 수 있는 것은, 다른 장수들과는 달리 인간적인 미덕을 갖춘 알렉산드로스에게 패하였다는 사실일 것입니다."

그 말을 들은 다리우스는 많은 사람이 보고 있는 가운데 하늘을 향해 두 손을 쳐들고 기도를 올렸다.

"페르시아 왕국을 지켜주시는 여러 신들이시여! 페르시아를 다시 일으켜 이 나라를 이어받았을 때와 똑같은 상태로 자손들에게 물려줄 수 있도록 도와주십시오. 그리고 제가 가장 사랑하는 사람들에게 은혜를 베푼 알렉산드로스에게 은혜를 갚을 기회를 주십시오. 그러나 만약 운이 다하여 페르시아 왕국이 허물어질 수밖에 없다면, 부디 이 페르시아의 왕좌에 알렉산드로스 말고는 아무도 앉지 못하게

"알렉산드로스는 싸움터에서는 상당히 사납지만
승리를 거둔 뒤에는 아주 너그러운 사람이었습니다.
지금 폐하께서 겪고 계신 모든 불행 중에서 그나마
큰 위안으로 삼을 수 있는 것은, 다른 장수들과는 달리
인간적인 미덕을 갖춘 알렉산드로스에게 패하였다는
사실일 것입니다."

「이수스 대전」, BC 1세기경

하여 주십시오."

이긴 자의 태도에 따라 비로소 진정한 승리를 이룰 수 있다는 것을 잘 알려 주는 이야기다. 이런 비슷한 일화는 또 있다.

• 노기 마레스케와 아나톨리 스테셀

1904년 일본군은 러시아를 침공하여 러일 전쟁을 일으켰다. 만주의 지배권을 차지하려는 일본 제국주의의 욕심이 일으킨 전쟁이었다. 그 전쟁에서 일본은 예상을 뒤엎고 승리를 거두었다. 당시 일본군의 지휘관은 육군 대장 노기 마레스케(のぎ まれすけ, 1849~1912)였는데, 지금까지도 일본인들이 러일 전쟁의 영웅으로 떠받드는 인물이다.

노기는 아나톨리 스테셀이 이끄는 러시아군과 치열하게 싸웠다. 그 전투에서 일본군은 6만 명 가까이 전사하였는데, 그중에는 노기 자신의 아들 두 명도 포함되어 있었다. 엄청난 손실을 입고 고전 끝에 승리한 노기가 스테셀로부터 항복 서명을 받기 위해 회담장으로 들어섰을 때였다. 수많은 기자들이 몰려들어 사진을 찍으려 했다. 그러나 노기는 허용하지 않았다. 적군 대장으로서는 수치스러운 장면을 사진으로 남기게 되므로 바람직하지 않다는 것이었다. 대신 러시아군의 항복을 확인하는 회담이 끝난 뒤 나란히 서서 단 한 장의 사진만 촬영하도록 허락했다. 그때 노기는 회담장에 들어오는 스테셀에게 무장 해제를 강요하지 않고 군복에 칼을 차도록 배려하였다. 그리고 러시아군의 용기와 전술의 훌륭함에 대해 칭송을 아끼지 않았다. 러시아로 돌아간 스테셀은 군사 재판에 회부되어 패전에 대한 책임으로 사형을 선고받았다. 그러자 노기는 프랑스 등을 통해 스테셀의 구명 운동에 나섰고, 스테셀은 징역 10년으로 감형됐다.

1945년 일본이 제2차 세계대전에서 패하여 항복하자 연합군 총사령관 더글라스 맥아더가 도쿄로 갔다. 패전한 일본의 운명은 맥아더의 손에 달린 것이나 다름없었다. 일본인들이 신처럼 받드는 천황의 목숨도 맥아더가 어떻게 판단하느냐에 따라 결정될 수 있었다. 그때 맥아더는 이렇게 말했다. "일본에는 노기 같은 사람이 있었으니 모두 신사일 것으로 생각한다." 그 덕분에 일본 천황은 전범으로 처형되지 않고 살아남을 수 있었던 것일지 모른다.

· 만델라와 용서

넬슨 만델라는 1918년 남아프리카공화국의 작은 마을 추장의 아들로 태어났다. 주변 사람들의 축복을 받으며 세상에 나왔지만, 현실은 비참했다. 그가 흑인이었기 때문이며, 더군다나 남아프리카공화국에서 탄생했기 때문이다.

한때 백인들은 흑인을 인간으로 생각하지 않았다. 흑인뿐만 아니라, 백인이 점령한 지역의 원주민도 마찬가지였다. 미국과 유럽에서는 흑인이나 남미 원주민이 인간이냐 아니냐를 놓고 재판까지 벌였다.

남아프리카공화국에는 원래 흑인들이 살고 있었으나 17세기경 네덜란드 인들이 건너가기 시작했다. 독일과 프랑스 사람들도 이주했다. 소수의 백인은 다수의 흑인을 힘으로 제압했다. 그리고 철저한 인종차별 정책을 실시했다.

만델라의 아버지는 추장 임명권을 가진 백인 치안판사로부터 부당하게 추장의 지위를 박탈당했다. 그때부터 만델라는 자기가 서 있는 땅과 환경을 분명히 인식할 수 있었다. 흑인 전용 병원에서 태어나, 흑인 전용 버스를 탄 채 집으로 돌아가고, 흑인 거주 지역에서만 살아야 하고, 흑인 전용 학교를 나와, 흑인만 다니는 직장에 취직하고, 공공장소에서 흑인 전용 출입문을 통해, 휴식도 흑인 전용 산책로에서만 가능했고, 흑인 전용 기차를 타고 여행했으며, 검문할 때마다 통행증을 제시해야 했고, 다른 인종과는 결혼도 금지됐고, 주변에 사는 백인들이 싫어하면 강제로 이사를 가야 했다. 심지어 한 가족 중에서도 피부 색깔이 다르면 함께 살지 못했다.

남아프리카공화국의 흑인들은 그렇게 300년 이상을 살아 왔다. 일부 흑인은 거기에 맞서 싸우기도 했지만 당할 수가 없었다. 불법 체포와 고문은 물론 학살과 암살과 실종이 잇따랐다. 300만 명 이상의 흑인이 희생됐다.

1948년 네덜란드계 백인들이 중심이 된 국민당이 단독 정부를 수립하면서 남아프리카공화국의 차별 정책은 더욱 강화되었다. 그때부터 16%의 백인이 84%의 흑인을 혹독하게 차별하며 지배하는 인종 분리 정책을 아파르트헤이트라 불렀다. 남아프리카공화국의 공용어인 아프리칸스 어로 '차별', '분리'라는 의미였다.

현실에 눈을 뜬 만델라는 흑인의 권리를 주장하며 차별 정책 폐지를 위해 결성된 아프리카 민족회의(ANC)에 가입해 민족 해방을 위해 평생을 바치기로 결심했다. 법과대학을 졸업하고 변호사 자격을 얻은 뒤, 1952년 요하네스버그에 변호사 사무실을 열었다. 그것은 남아프리카공화국 최초의 흑인 변호사 사무실이었다.

만델라는 흑인들의 고통을 조금이라도 위로해 줄 수 있는 법률가가 되려고 노력했다. 하지만 백인들의 무자비한 학살 행위에 격노하여 한때 무장 투쟁으로 돌아서기도 했다. 게릴라를 조직하고, 백인 회사를 파괴하기도 했다. 그리고 감시망을 피해 오랫동안 지하 세계에 숨어 살기도 했다. 그러다 보니 만델라는 어느 순간 흑인들의 희망으로 떠올랐다. 백인들이 그러한 그를 내버려둘 리 없었다. 이런저런 죄목으로 체포되고 감금되었다. 그러다 1964년에는 반란죄로 재판을 받아 종신형에 처해졌다. 남아프리카공화국 앞바다에 떠 있는 작은 섬 로벤의 감옥에 갇혔다. 감옥 속의 만델라는 남아프리카공화국

차별 정책의 상징이 되었고, 그로 인하여 국제사회가 아파르트헤이트의 부당성에 관심을 갖기 시작했다.

만델라가 석방된 것은 1990년 2월이었다. 무려 27년 동안 감옥에 있었다. 갇혀 있으면서도 끊임없이 백인들과 싸워 이길 수 있는 방법을 고민했듯이, 나오자마자 백인 정부 관리들과 협상을 벌였다. 그리고 1994년 4월 총선거를 실시하게 되었다.

남아프리카공화국의 흑인들은 감동했다. 모두 태어나서 처음으로, 역사상 최초로 투표권을 행사할 수 있었기 때문이다. 그 감격이 환호로 결실을 맺게 되었는데, 선거에서 흑인들이 통쾌한 승리를 거두었다. 백인 대통령 르 클레르크는 패배를 인정하고 정권을 이양할 준비를 했다. 5월, 대통령에 취임할 때 만델라의 나이는 76세였다.

수백 년에 걸친 투쟁 끝에 승리를 얻은 만큼, 백인들과의 관계 정리는 험난할 것으로 예상되었다. 복수를 단단히 벼르던 흑인들도 많았다. 하지만 만델라의 태도는 침착했고, 무엇보다 놀라웠다.

만델라의 대통령 취임식은 역사적 사건이었다. 세계 각국에서 귀빈들이 초청되었으며, 10억의 지구인들이 텔레비전 중계를 통해 그 광경을 보고 있었다. 바로 그 자리에 만델라는 로벤의 감옥에서 자신을 감시했던 두 백인 교도관을 초대했다. 그뿐만이 아니었다. 자신을 공산주의자로 몰았던 전 대통령 보타를 찾아가서 만났다. 아파르트헤이트 체제를 유지하는 것을 목표로 삼았던 정보기관의 책임자와 자신을 기소했던 검사도 만나 식사를 함께했다. 로벤 섬의 교도소장은 오스트리아 대사로 임명해 보냈다.

일부 흑인들은 반대했다. 복수를 꿈꾸던 사람들은 반인륜 반인권의 백인들을 전범자처럼 엄격하게 재판을 통해 처리해야 한다고 주장했다. 뉘른베르크의 법정을 요하네스버그에도 설치해야 한다고 호소했다. 그러한 엄청난 죄를 짓고도 처벌받지 않는다면 도대체 정의는 어디에 있느냐고 외쳤다. 어제의 범죄를 엄벌하지 않는 것은 내일의 범죄를 조장하는 짓이라고 항의했다.

그러나 만델라의 생각은 달랐다. 백인들도 엄연히 남아프리카공화국 사람이었다. 미래를 위해서는 화해밖에 없다고 확신했다. 국민통합 및 화해촉진법을 제정하고, 진실과 화해위원회를 구성했다. 과거 흑인들에 대한 인권 침해 범죄 해결을 위한 방법으로 처벌 대신 용서를 선택한 것이다.

진상을 철저히 규명하되, 법적 책임은 묻지 않는다는 원칙을 확립했다. 용서하되, 잊지는 않겠다는 의미였다. 과거를 기억하지 않으면 사람들은 과거를 되풀이하기 때문이다. 진실을 조건으로 하는 화해는 효과가 있었다. 사실대로 밝히면 처벌을 면제한다는 것이었으므로, 은폐되었던 끔찍한 사건들의 수많은 진상이 드러났다.

백인들을 상대로 한 남아프리카공화국 흑인들의 싸움은 정당한 싸움이었으며 피해서는 안 될 싸움이었다. 싸움에서 이긴 다음 선택

진상을 철저히 규명하되, 법적 책임은 묻지 않는다는
원칙을 확립했다. 용서하되, 잊지는 않겠다는 의미였다.
과거를 기억하지 않으면 사람들은 과거를 되풀이하기
때문이다.

한 방법은 복수의 의미가 담긴 처벌이 아니라 용서의 뜻을 담은 화해였다. 용서가 처벌보다 결코 못하지는 않았을 것이다.

· **승자의 관용과 패자의 자존**

　운동 경기의 목적은 무엇인가. "이기는 것이다."라는 대답을 바로 반박하기는 쉽지 않다. 경기 자체가 승패를 가리기 위한 것으로 고안돼 있기 때문이다. 그렇지만 승리는 경기의 첫 번째 목표, 목적 중의 일부에 불과하다. 경기는 어느 경기 한 판으로 끝나는 것이 아니다. 경기라는 형식의 놀이를 하는 이유는 그것이 승패를 매개로 인간의 감정을 고양시키기 때문이다. 고양된 감정은 인간의 행복에 기여한다. 경기 자체에서도 충족감을 느끼고, 나아가 그것을 바탕으로 다른 삶의 행위에 적극적이고 충실하게 대처할 수 있는 힘을 갖게 된다. 그래서 우리는 스포츠 정신을 말한다. 경기에서 승부만이 목적이 아니라는 사실을 깨달아야 한다는 취지다. 승부도 목적의 일부지만, 더 큰 목적이 있다는 것이다.

　승리만이 목적이라면, 경기가 끝난 뒤 행복 또는 경기가 의도한 효용을 얻는 사람은 승자뿐이다. 패자는 아무것도 얻지 못하고 눈물을 삼켜야 한다. 무승부일 경우에는 양자 모두 목적 달성에 실패한 꼴이 되고 만다. 하지만 승리뿐만 아니라 경기의 과정과 승부의 결과가 주는 의미까지 모두 목적의 일부로 본다면 사정은 달라진다. 결과에 따라 승자와 패자가 가지는 긍정적 감정은 정도만 다를 뿐이다. 승자의 기쁨은 크지만 패자라고 슬픔에만 젖는 것은 아니다. 그리고 다음의 경기가 기다리고 있다. 경기가 계속된다는 사실은, 어느 한 경기의 승자가 영원한 승자가 아니라는 점을 새기게 한다.

그랜드슬램 테니스 대회 남자 단식 결승전을 상상해 보자. 한쪽은 조코비치나 나달, 상대방은 페더러나 머레이라고 해도 좋다. 결승에 오른다는 자체가 수많은 선수들에게는 꿈의 대상이다. 결승에서 맞선 두 선수는 모두 여섯 차례의 힘든 경기를 이기고 기진맥진한 상태다. 각자 등 뒤에서는 팬과 가족과 조국이 거센 응원으로 포기하지 못하게 밀어붙인다. 마치 한 발짝 앞에 승리가 기다리고 있다는 듯이. 두 사람의 기량은 힘차고 빠르고 정교하여 아름답기까지 하다. 서로 세트를 주고받아 2:2가 될 때까지 이미 4시간을 넘어섰다. 마지막 세트에서는 한 포인트씩 딸 때마다 승자가 바뀌는 듯하다. 그 한 점을 위해서 안간힘을 쓴다. 마치 상대방을 한 방에 거꾸러뜨리려는 듯 라켓을 휘두른다. 애매한 판정에 심판에게 격렬하게 항의도 한다. 그리고 결국 승부는 마지막 한 포인트에서 결정되고 만다. 바로 그다음 장면은?

라켓을 집어던지고 미친 듯이 뛰어다니다가, 너무 흥분한 나머지 그대로 코트 위에 드러누워 한참 감격을 누리는 모습은 전혀 이상하지 않다. 누구나 그러하리라 기대한다.

그런데 이러한 장면은 어떨까. 승리가 결정된 순간 승자는 코트로 뛰어가 패자와 악수를 나눈다. 어깨를 어루만지며 잠시 상대방을 위로한다. 그사이 상대방은 우승을 축하한다고 덕담으로 반응할 것이다. 그리고 난 뒤 승자는 뒤돌아서서 주먹을 불끈 쥐고 환호한다.

승자의 태도가 어떠해야 하는지, 또는 어떤 태도가 바람직한지 스스로 선택할 문제다. 하지만 선택한 태도가 승자 자신 외의 모든 사람에게 던지는 의미는 달라진다.

경쟁도 이기는 것이 목적이라는 점에서 싸움과 같다. 보통 경쟁은 싸움과 다른 것으로 여긴다. 자유롭고 동일한 조건 아래서 경쟁은 정당한 것으로 장려되고 있다. 경쟁이 보장되는 곳을 민주적 사회라고 생각한다. 다른 조건에 좌우되지 않고, 오직 실력이나 능력에 의해 결론이 난다고 믿기 때문이다. 실력이나 능력은 개인의 노력으로 갖출 수 있는 것이라 전제한다. 경쟁이 정당하다는 것의 가장 큰 의미는 결과와 관련되어 있다. 경쟁에서 이긴 사람은 그 결과를 모두 자기의 것으로 소유해도 좋다는 의미다.

그러나 자세히 따져 보면 자유롭고 동일한 조건이란 애당초 보장되지 않는다. 경주의 골인 지점은 동일하게 정해져 있지만, 출발선이 저마다 다르다. 육상 경기장의 출발선처럼 동일한 조건이 주어져 있다는 생각은 사회 체제의 제도적 광고 때문에 빚어진 착각에 불과하다.

그리고 개인의 능력에 따른 결과의 차이는 차별이 아니라 당연한 결과처럼 여겨지지만, 반드시 그렇지는 않다. 경쟁에서 승자는 자신의 실력 때문에 이겼다고 볼 수 있으나, 실력이 절대적이기 때문에 이긴 것은 아니다. 극단적으로 표현하면, 패자가 졌기 때문에 이긴 것이다. 시험에서 수석한 사람은 자신의 능력이 1등에 해당하는 절대적 가치를 지녔기 때문이 아니라, 다른 사람보다 나았기 때문이다. 뒤집어 말하면, 2등 이하의 사람들이 자기보다 못했기 때문이다. 아무리 능력이 못한 사람들 사이에서도 1등은 존재하며, 아무리 우수한 인재들 사이에서도 꼴찌는 나올 수밖에 없다. 경쟁의 결과에는 운이 작용한다. 따라서 경쟁에서 이긴 사람은 승리의 결과에 자신의 능력이 작용한 부분이 크지만, 경쟁에서 진 사람들 덕을 본 부분도 있다는 사실을 알아야 한다. 그렇다면 경쟁에서 이겨 얻는 이익은 전부가 승자의 것이 아니다. 그중 일부는 경쟁에서 진 사람의 몫이다.

자유 시장 경제 체제에서는 경쟁에서 이기는 것만이 살 길인 것처럼 가르친다. 하지만 승리의 의미를 어떻게 이해하느냐에 따라 승자의 태도는 달라진다. 경쟁의 승리가 오직 자신의 노력과 능력 때문이라고 확신하는 사람은 승리의 전리품을 모두 자기 소유로 여긴다. 그중 일부를 못 가진 자들에게 내놓는 일은 특별한 배려라고 스스로 평가한다. 기부를 은혜를 베푸는 행위로 안다. 하지만 승리에 패자의 불운이 기여한 부분을 인정하는 승자는, 승리로 얻은 결과의 일부를

승자의 태도가 어떠해야 하는지,
또는 어떤 태도가 바람직한지 스스로 선택할 문제다.
하지만 선택한 태도가 승자 자신 외의 모든 사람에게
던지는 의미는 달라진다.

내놓는 일은 사회적 의무라고 생각한다.

흔히 토론이 필요하다고 말한다. 토론은 다양한 의견을 서로 확인하는 과정이다. 그 자체가 소통의 방식이며 민주적 절차다. 하지만 토론의 목적은 결정되어 있다. 무엇인가를 결정하기 위해서 토론을 벌이는 것이다.

토론은 참여자들이 자기의 주장을 내세워 다른 주장을 가진 사람들과 싸우는 의사 결정 방식이다. 그래서 토론을 논쟁이라고 표현하기도 한다. 토론에 참여하는 사람들 각자의 일차적 목적은 토론에서 이기는 것이다. 토론에서 이기면 자신의 의견이 결론으로 채택되리라 기대하기 때문이다. 따라서 토론에서 이기기 위해서 자기주장의 근거를 부각하다 못해 다른 사람들의 주장을 헐뜯기도 한다.

그것이 정당한 논쟁이었는가, 추악한 싸움이었는가는 토론의 결과가 말해 준다. 토론의 마지막 목적이 다양한 의견을 통해 검토를 거친 합리적인 결정을 내리는 데 있다면, 결론이 있어야 한다. 격론을 통해 다투다가도, 마지막에 가서 결론에 이르러야 한다. 토론의 결론은 각자 자기주장을 조금씩 양보하든지, 어느 한 사람의 주장에 다른 토론자들이 모두 양보함으로써 이루어진다. 그렇지 않고 자기주장을 관철하는 것만을 목표로 삼는다면, 결코 결론에 이르지 못한다. 토론이 끝나고도 각자 자기주장만 되풀이하면서 격한 감정으로 헤어질 수밖에 없다. 그들은 토론자들이 아니라 투사다. 그렇지 않고 결론에 이른다면, 어느새 흥분은 가라앉고 서로 웃으며 정리한다. 싸움꾼과 민주 시민의 차이다.

승자는 항상 자기가 옳거나 자신의 능력이 뛰어나서 이겼다고 생각해서는 안 된다. 승자에게는 겸손과 절제와 관용이 필요하다. 패자는 통한에 빠져서는 안 된다. 진 것은 능력 때문만이 아니라 운을 비롯한 다른 요인들이 작용했기 때문이다. 그리고 자신이 졌기 때문에 상대방이 이기지 않았는가. 둘 모두 패배하는 것보다 자기가 패자가 됨으로써 승자 한 사람을 만들어 냈다고 자위하는 당당한 태도가 필요하다. 다음에도 기회가 있으니까. 패자에게는 자존이 필요하다.

✊ 싸움, 옳음을 찾아가는 과정

싸움에서 이겼다고 하여 자기의 생각이 옳은 것으로 확정되지는 않는다. 싸움은 서로 다른 생각 중에서 누구의 생각이 옳은지 겨루는 것이기는 하지만, 그 결과가 반드시 옳다고 단정할 수 없다. 옳을 수도 있고 옳지 않을 수도 있다. 옳은 것이 항상 이기는 것이 아니듯, 이겼다고 언제나 옳은 것이 되지는 않는다. 이겼기 때문에 그 순간에는 진 사람의 생각보다 더 낫다는 사실이 인정됐다고 할 수는 있다. 하지만 거의 비슷한 생각으로 나중에 다시 싸우면 승패가 뒤집힐 수도 있다.

그것은 옳고 그름이 미리 확정되어 있는 것이 아니기 때문이다.

옳고 그름은 미리 정해져 있는 것이 아니라 우리가 함께 결정해 나아가는 목표다. 옳은 것, 선한 것, 정의로운 것은 신이 결정해 주는 것이 아니다. 우리 스스로 결정하는 것이다. 결정해 가는 과정에 필요한 것은 우리 각자의 지식, 의지, 감정 같은 요소들이다. 결국 개인의 공부와 경험이라고 할 수 있다.

싸움이란 옳은 것이 무엇인지 서로 찾아 헤매는 과정이다. 그 과정이 우리의 삶에 필요한 것이다. 싸움의 결과는 그 순간에 옳은 것으로 판정된다. 이긴 사람이 옳다는 데에 진 사람이 흔쾌히 동의하여 완전한 합의가 이루어지기는 어렵다. 그러나 상대방을 조금이라도 설득할 수 있다면, 그 정도에서는 옳다는, 결론에 대한 교집합이 생기는 셈이다. 그 부분적 합의가 비로소 갈등을 파국으로 치닫게 하는 것을 막고 해소에 이르게 한다.

싸워야 할 싸움을 선택하는 것과 싸울 때 어떻게 싸우느냐에 이어, 싸움이 끝난 뒤 어떠한 태도를 취할 것인가도 중요하다. 앞뒤 가리지 않고 승리만을 목표로 하는 무목적의 싸움이 아니라, 갈등의 해소에 기여할 수 있는 목적적 싸움이라면 그러하다. 거기에 필요한 것은 불꽃같이 튀는 분노가 아니라 냉철한 이성이다.

싸움의 시작과 과정과 마지막에 분노가 아니라 이성이 필요하다

옳고 그름은 미리 정해져 있는 것이 아니라
우리가 함께 결정해 나아가는 목표다.
옳은 것, 선한 것, 정의로운 것은 신이 결정해 주는
것이 아니다. 우리 스스로 결정하는 것이다.

는 말은 그 자체로 모순이다. 세 단계에서 모두 이성을 발휘할 수 있다면 애당초 싸움이 벌어지지 않을 것이기 때문이다.

싸움을 일으키는 분노의 감정은 일시적 광기다. 정상의 사람에게서는 찾아볼 수 없는 격정적 감정의 상태는 그대로 방치하면 눈사태처럼 무서운 속도로 치닫는다. 감당할 수 없게 된다. 마치 벼랑 끝에서 뛰어내린 이상 이미 자기 자신의 몸을 통제할 수 없게 되는 것과 마찬가지다.

하지만 자신이 분노를 다스리지 못하면 분노가 자기를 지배하고 만다. "보통의 무기는 인간이 사용하는 것이지만, 분노라는 이름의 무기는 인간을 사용한다"는 몽테뉴의 말이 의미하는 바다. 그러기 때문에 정당한 싸움은 중요하고 어렵다.

분노는 이성의 적이지만, 이성이 존재하지 않는 곳에서는 절대 모습을 드러내지 않는다. 분노는 이성을 짓밟으며 나타나기 때문이다. 분노가 일어날 때 항상 그 아래쪽에 이성이 허우적거리고 있다. 분노의 파도에 휩쓸린 이성을 우리는 익사 직전에 구출해야 한다.

사람이 화를 내면 코르티솔이라는 일종의 스트레스 호르몬과 아드레날린이 급속히 증가한다. 그러한 현상은 합리적 사고를 담당하는 대뇌 전두엽의 능력 발휘를 방해한다. 그 상태를 방치하면 폭력이 난무하는 무모한 싸움에 자신의 몸을 던지게 된다.

정당한 싸움, 목적적 싸움을 수행하기 위해서는 자신의 내부에서 일어나는 싸움과 병행해야 한다. 분노의 감정과 이성 사이에 일어나는 싸움에서 적절한 균형을 유지할 때 나오는 것이 이성적 분노다. 그 힘으로 바깥의 싸움에 나서야 한다.

국가의 이익을 내세운 협상은 이성을 앞세우는 싸움이다. 협상에 나서는 외교관의 목표는 이기는 것이다. 양쪽이 다 이기지 못하면 협상은 항상 결렬되고 말 터이다. 어떻게 양쪽이 모두 이길 수 있는가? 외교관들이 말하는 외교 속에서 이성적 싸움의 핵심을 이해할 수 있다.

"외교는 국익을 위해 싸우는 일이다. 상대도 국익을 위해 싸운다. 외교는 말로 승리해서는 안 된다. 내가 이겼다고 하면, 그것은 상대방이 졌다는 것을 의미한다. 외교의 승부는 50대 50이 되도록 하면서, 상대방으로 하여금 51대 49로 이겼다고 생각하도록 만들어야 한다."

싸움은 언제나 삶과 함께 진행된다

생명은 우연한 과거의 산물이다. 시간을 초월하여 존재하는 자연
법칙의 불가피하고 예측 가능한 결과에 따라 생명체가 탄생한 것이
아니다. 우연한 존재인 인간은 질서와 안정을 추구하며 원대한 계획
을 수립하고 하루하루의 일상을 살아가지만, 불안과 혼란은 더 빠
른 속도로 증가한다. 과거와 마찬가지로 미래 역시 불확실하다. 인간
은 자신이 원하는 장래를 향해 나아가려 하나, 앞날은 불투명하기만
하다. 그 불확실성 속에서 서로 부딪치며 저항하는 몸짓이 싸움이다.
개인의 가슴속에서 찾아보면 불안과 두려움이 원인이지만, 조금 거
리를 두고 인류 전체를 바라보면 그렇다.

앞길의 시야를 흐리게 하는 장애물을 없애기 위한 노력이 싸움인
가? 싸움으로 내일의 불확실성이 제거되는가? 그렇지는 않다. 평화
주의자까지는 아니더라도, 싸움을 좋아하는 사람은 거의 없다. 싸움
의 부정적인 면을 싫어하기 때문이다. 부정적인 것은 '해결'의 대상으

로 삼을 수는 있어도 '제거'의 대상이 될 수는 없다. 부정적인 존재도 세상의 일부이기 때문이다. 세상에는 긍정적인 것만 존재할 수 없으며, 부정적인 것은 긍정적인 것의 또 다른 면이다. 부정적인 면이 소멸하면 그에 대응하는 긍정적인 면도 사라진다. 그러므로 싸움은 언제나 삶과 함께 진행된다.

싸움은 욕망이라는 이름의 전차에 설치된 브레이크다. 욕망은 그것이 개인적인 것이든 사회적인 것이든 사람을 이끄는 힘이다. 아무런 욕망이 없는 인간의 세상은 죽음뿐이다. 삶의 세계에는 욕망이 있다. 그 욕망은 스스로 멈출 줄 모르는 전차와 같다. 제동을 걸지 않는다면, 욕망의 전차가 질주하며 도착하는 곳은 이상의 낙원이 아니라 파멸의 폐허다. 모든 욕망의 완벽한 성취는 그 자신의 에너지를 소진시키기 때문이다. 게다가 그 과정에서 다른 사람의 욕망을 희생시킨다.

제동 장치가 없는 욕망의 충족은 현실에서는 불가능한 현상이다. 세상에 혼자 존재하고 타인을 비롯한 나머지 환경은 부수적일 때에만 가능한 환상이다. 나는 나와 나의 환경이지만, 동시에 타인의 환경이기도 하다. 따라서 욕망은 달리다가 타인의 욕망과 마주 서기 마련이다. 피해 가면 조용하고, 부딪치면 싸움이다.

싸움은 가장 치열한 소통 방식의 하나다. 사람의 대표적인 소통 수단은 언어다. 언어를 통해 서로의 의사와 감정을 교환한다. 하지만 언어로 표현할 수 없는 순간이 있다. 그때는 다른 방식으로 소통한다. 춤이나 노래도 그중의 하나다. 예술 행위는 논리적 소통이 불편하거나 부적당한 경우 그것을 넘어서서 은유적으로 시도하는 소통 방식이다. 그런데 그 모든 방법이 다 막혔다고 생각될 때 벽을 뚫듯이 거친 몸짓으로 시도하는 소통이 싸움이다.

사회심리학의 연구 결과에 이런 것이 있다. 남이 하지 않는 일을 해서 성공을 거둔 사람과 다른 사람이 하는 일을 해서 성공을 거둔 사람 중 누가 더 행복하다고 느낄까? 조사 결과는 의외로 후자다. 전자의 경우 다른 사람들이 이해를 못 해 그 기쁨을 함께 나눌 수 없는 반면, 후자는 함께 결과를 공유할 수 있기 때문이다. 사람은 소통함으로써 행복해진다는 것이다. 남으로부터 인정받고자 하는 심리도 소통을 원하기 때문이다. 싸움은 소통을 갈망하는 몸부림이다.

싸움은 생각의 합금이다. 대화가 아니라 싸움을 통해 소통하는 일은 쉽지 않다. 합의에 다가서는 토론은 소통이 원활하지만, 싸움에 가까운 논쟁은 소통을 방해한다. 하지만 그러한 과정을 통해 개인과 사회의 생각이 단련될 수 있다.

기원전 5000년, 지금의 아프가니스탄 지역에 살던 페르시아 사람들은 우연히 초록색 돌멩이를 불 속에 집어넣게 되었다. 그 돌은 공작석이었는데, 물론 구워 먹으려고 한 것은 아니었다. 불에 달궈지면 돌이 어떻게 되나 살펴보고 있는데, 놀랍게도 공작석에서 붉은 색의

액체가 녹아 흘러내렸다. 액체를 공기 중에 다시 식히자 단단하게 굳었다. 바로 구리였다. 구리는 돌멩이보다 유연해 원하는 형태로 만들기가 쉬웠다. 하지만 너무 물러 도구로 사용하기에는 적당하지 않았다. 그러다가 다시 또 다른 우연이 겹쳤다. 구리에 주석을 섞게 되었는데, 돌멩이와 비교할 수 없을 정도로 단단했다. 구리와 주석의 합금으로 탄생한 청동이었다. 그때 사람들은 깨달았다. 순수한 금속은 약하다. 그러나 불순물이 섞이면 강해진다.

사람의 생각도 마찬가지일 수 있다. 자기만의 생각은 순수하다. 다른 사람의 생각도 순수하다. 저마다 자신이 생각할 때 자기의 생각은 순수하다. 하지만 내 생각에 다른 사람의 생각은 나와 다르기 때문에 순수하지 않은 것으로 보인다. 인간 사회에서는 여러 사람의 생각이 얽히고설킬 수밖에 없다. 내 생각과 다른 생각이라고 배척할 수 없다. 서로 다른 생각끼리 충돌하면 싸움이 일어난다. 따라서 싸움은 하나의 생각이 다른 생각을 완전히 없애 버리는 것이 되어서는 안 된다. 다른 생각을 녹여 내 생각과 합치도록 하는 방식이어야 한다. 다른 생각을 물리치고 내 생각만 살아남게 한다면 그 사회는 약해질 수밖에 없다. 내 생각에 다른 생각이 보태지면 새로운 생각이 된다. 그 새로운 생각이 조금이라도 나은 것이라면 그 사회는 더 강해진다.

무조건 좋거나 무조건 나쁜 생각은 없다. 좋은 생각이라 하더라도 그 생각에서 항상 좋은 결과만 나타나는 것도 아니다. 생각이 행동으로 바뀌려면 힘이 있어야 하고, 힘은 강한 바탕에서 나온다. 좋은 생각이든 나쁜 생각이든 그것만으로는 강해질 수 없다. 서로 섞이면 달라진다.

이 세상에는 온갖 생각들이 널려 있다. 사람의 수만큼 다른 생각들이 퍼져 있고, 생각할 때마다 다른 생각들이 탄생한다. 그 무수한 생각들은 겉으로 보기에 옳은 생각인 것 같기도 그른 생각인 것 같기도 하다. 생각마다 옳고 그름의 성격을 조금씩 나누어 가지고 있기 때문이다. 생각들은 생각의 주체인 사람의 결정과 행동에 따라 다른 생각과 부딪친다. 그것이 싸움이다. 싸움으로 각자 다른 생각은 조금씩 부서진다. 용광로에서 광석이 녹는 것과 비슷하다. 서로 다른 생각이 싸움으로 용해되는 것이다. 그렇게 생각들이 적당히 섞이면서 불필요한 찌꺼기를 솎아내고 새로운 생각으로 태어난다. 새로운 생각은 그 재료가 된 원래의 생각들보다 더 강하다. 생각이 강하다는 말은 그 생각이 사회에서 유지되는 데 더 유리한 힘을 발휘한다는 의미다. 따라서 싸움은 생각을 단련하는 힘든 작업이다.

사람의 싸움은 어리석은 짓이지만, 어차피 싸울 수밖에 없다면 싸움에 대해서 생각해야 한다. 싸움에 대한 고민이 우리의 어리석음을 감소시켜 줄 수 있다는 믿음 때문이다. 그럴 때 싸움은 욕망을 조절해 주는 수단이 되고, 소통의 절실함을 깨닫게 하고, 생각을 진지하고 단단한 사유의 흔적으로 남게 할 수 있다.

사람은 왜 싸우는가, 라는 질문은 남이 아닌 자기 자신에게 던져야한다. 나 자신이 누구 못지않은 전사가 아닌가. 아무도 싸움을 못 하게 호르몬 약을 개발하여 사람이 출생할 때 의무적으로 주사하는 방법과, 모든 싸움에 대해 즉시 옳고 그름을 판단해 승패를 갈라 버리는 초능력의 기계를 사용하는 방법 중 어느 것이 나은가? 기막힌 두 가지 방법 사이에 나는 어디쯤 존재하는가?

사람은 왜 **03** 이기

사람은 왜 서로 싸울까

2015년 8월 26일 처음 찍음 │ 2020년 1월 20일 세 번 찍음

지은이 차병직
펴낸곳 도서출판 낮은산 │ 펴낸이 정광호 │ 편집 강설애 │ 디자인 박대성 │ 제작 정호영
출판 등록 2000년 7월 19일 제10-2015호
주소 04048 서울시 마포구 어울마당로5길 16 반석빌딩 3층
전화 02-335-7365(편집), 02-335-7362(영업) │ 팩스 02-335-7380
홈페이지 www. littlemt.com │ 이메일 littlemt2001ch@gmail.com │ 트위터 @littlemt2001hr
제판·인쇄·제본 상지사 P&B

ⓒ 차병직, 2015

ISBN 979-11-5525-045-7 44100
ISBN 979-11-5525-027-3 44080 (세트)

이 도서의 국립중앙도서관 출판예정도서목록(CIP)은 서지정보유통지원시스템 홈페이지(http://seoji.nl.go.kr)와
국가자료공동목록시스템(http://www.nl.go.kr/kolisnet)에서 이용하실 수 있습니다. (CIP제어번호 : CIP2015021526)